一方水土一方人

—— 南通寺街西南营名人影像选集

管 平 著

古吴轩出版社

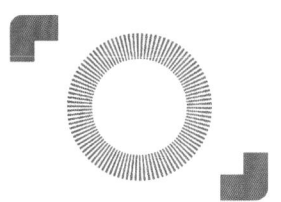

管 平

1969年作为知青从上海到南通插队落户，1978年经高考进入南通师范专科学校学习，1981年毕业后留校担任行政工作，1992年到南通市人民政府侨务办公室工作，2001年市侨办和市外办合署办公，2010年在南通市人民政府外事侨务办公室退休。现为江苏省摄影家协会会员、江苏省老年摄影学会会员、南通市摄影家协会名誉理事、南通市老年大学摄影协会理事、南通市老年摄影学会会员、夕阳美摄影队队员。2010年曾举办《老街人家》个人摄影展。作品多次入选国家、省、市摄影展。

序

  管平先生的《一方水土一方人——南通寺街西南营名人影像选集》，从拍摄、整理到编印，前后历时8年，可以说凝结了他的一片心血。

  国家历史文化名城南通，始建于五代后周显德五年（958）。寺街、西南营是老城区两处历史文化街区，集聚了南通历史文化、民居建筑、风土人情诸多精华。寺街、西南营与濠河相伴共生，是备受南通历代文人雅士青睐的风水宝地，人们在这里生活、劳作、创造、繁衍……生生不息。这里，有晨钟暮鼓的唐代名刹，有蜿蜒幽深的宋元街巷，有花木扶疏的明清院落；这里，有钱氏教育世家、"一门两进士"袁氏古宅，有以诗文传世十三代的画家范曾范氏家族；这里，走出了明代功勋盖世的顾养谦、清代乾隆时期的状元胡长龄、"扬州八怪"之一李方膺、铮铮铁骨江上青、"中国保尔"徐惊百、民主斗士钱素凡、中科院院士黄耀曾、电影表演艺术家赵丹、画家袁运甫和袁运生、国医大师朱良春、教育家李吉林等，不胜枚举。可以说，走进寺街、西南营，就是走进了南通历史文化深处。同时，寺街、西南营还是"活"着的老街区，居民们在这里传承先辈的精神，依旧守望着自己的家园。

  寺街、西南营以其特有的魅力，吸引了本市和省内外许多摄影人以及国际友人的目光，他们纷纷前来，沿着古街老巷触摸历史文化根脉，探访先贤精英，走进原生态的市井生活，寻觅失落的沧桑和梦中的记忆。南通的影友各选主题，长年跟踪拍摄，胶片、数码、大中画幅、纪实、艺术，各展技艺，佳作迭出。2012年，南通市摄影家协会及相关单位组织了"寺街、西南营"老街区摄影大赛，邀请中国摄影家协会副主席朱宪民、李树峰等现场指导评选作品，出版了《寺街 西南营记忆》大型画册，管平先生也有作品入选其中。

  寺街、西南营是一本大书。怎样拍摄？因人而异。管平先生曾长期在机关工作，养成了严谨的思维方式和沉稳细致的工作习惯，又有良好的文字表达功底。他喜欢摄影，退休后更是全身心投入，在市老年大学摄影系学习，技艺不断提高。作为上海知青，他在南通工作生活了50年，心存感恩。他选择做老街专题纪实摄影，为人们形象地介绍老街保留一份资料，以此回报社会。为此，他独辟蹊径，以在老街出生、生活的名人和他们现存的故居为线索，展开文献式的拍摄与研究。多年来，他在老街走访结交了许多朋友，先后记录了78户人家，拍摄了数万张照片，同时多渠道收集资料，梳理归纳，编写文字，倾注了大量的时间、精力。现在，根据掌握的资料和拍摄的实际情况，他选择了37位名人，编印成集，图文并茂、形象生动地展示了寺街、西南营的名人及其业绩。

  今年7月，南通市政府发出了《关于建立寺街西南营历史文化街区保护工作协调小组的通知》。随着保护工作的有序推进，寺街、西南营历史文化街区将会在原有的基础上出现新的发展。作为一名摄影人，管平先生以一己之力呈现出来的文化自觉令人钦佩，他的《一方水土一方人——南通寺街西南营名人影像选集》也必将会愈来愈显示出它应有的价值。

南通市摄影家协会副主席
南通市老年大学摄影系主任 陈建华
中国摄影家协会会员

2017年10月29日

唐代古刹天宁寺素有"一州伟观"之称

寺街在悠扬的风铃声中是那样的平和温馨

南通民间流传"先有塔,后有城"之说,1100多年前建的光孝塔矗立在寺街的北端

白雪覆盖的房屋，显得那样的宁静。吴坤

幽深的柳家巷见证了多少老街沧桑的故事

老街世代百姓家遮风挡雨的青砖黛瓦的屋子

目录

顾养谦	1
范氏名门世家	5
李方膺	11
胡长龄	15
一门二科三进士的顾家	19
顾家崇文业儒，人才辈出	23
周懋琦	27
徐氏兄弟——周易、古琴守望者	31
徐赓起	37
邵大苏	41
范北强	45
卢心竹	49
史白	53
丁瓒	57

黄耀曾	钱素凡	徐家烈士与博士两兄弟	赵丹	陈金渊	江村	朱良春	顾迅逸	马世和	袁氏兄弟三名人	徐尔铸	李吉林	顾乐夫	江平	后记
61	65	69	75	79	83	85	89	93	97	103	107	111	115	123

顾养谦（1537-1604）

在南通，历史上曾经有过这样一位文武全才、功勋盖世、品德崇高的杰出人物，《明史》居然没有为他立传，这人就是明朝时的顾养谦。因为修《明史》是在清朝，顾养谦曾经在辽东抗击过清太祖努尔哈赤，犯了清朝最大的忌讳，所以当时的史臣没敢为他立传。直至今日，南通人对这位先贤仍不太重视。作为历史文化名城的南通，应该大力宣扬本地历史上的杰出人物，以扩大南通的影响。

顾养谦字益卿，号冲庵，嘉靖十六年（1537）生于通城柳家巷，28岁为嘉靖进士，官至兵部右侍郎兼右都御史，总督蓟辽。万历三十二年（1604）卒。

顾养谦中进士为官后，曾在闽粤滇浙转战二十年。其间因他"五荡寇氛"，匪盗为之闻风丧胆，东南诸省由此民安国泰。万历十三年至万历十八年（1585—1590）顾养谦升为都察院右佥都御史，巡抚辽东。后万历二十年至万历二十二年（1592—1594）任蓟辽总督，前后总计七八年间与都指挥李成梁紧密合作，率部与女真、蒙古、倭寇大小数十战，师出必捷，威震疆域。有一次，他领兵与倭寇那林、猛骨和图天的部队作殊死战斗，杀敌五百余人，俘虏百余人，敌首领被包围后投降，此战对倭寇震撼极大。以后经过多次剿倭战斗，终于平定了辽东倭患。顾养谦为国御敌，屡建奇功，且治世有方，一时辽东"萧瑟三关夜无盗"。

顾养谦在地方任职时，除平乱、剿匪、擒寇等战绩卓著外，每到一处，都注重清理丈量田亩、疏浚河道、救灾、减轻赋税等当地民生大事，获得百姓拥戴。万历十七年（1589）辽东一带发大水，遍地饥荒，民不聊生。顾养谦一边设法紧急救援，一边力请开海禁、放粮仓赈灾，救活饥民7万余人。

顾养谦虽常年在外，却时刻牵挂着家乡。万历三年（1575）时任广东按察使司副使的他回通见狼山浮屠尽毁，金刚殿没于江，于是商请官吏并参与重建。又见地方志书长久没纂修，遂组织人修订。他为家乡所撰述的《重修狼山寺记》《重修狼山藏经阁碑记》以及由他题额的《新筑钟秀山碑记》等石碑，现仍存狼山和钟秀山。

顾养谦一生立言甚多。除《抚辽奏议》二十卷、《督抚府奏议》八卷外，还有《益卿诗文全集》二十卷。他工诗善吟，文笔优美，散文成就也很高。此外，顾养谦在书法与园林艺术方面，也有极高的素养。他精于行书、草书、篆书，风格遒劲利落，气势宏大。他所构建的"山楼水榭，胜甲一城"的珠媚园，其美学品位在当时更是首屈一指。

顾养谦的孙子顾国宝为熹宗天启二年（1622）进士，任吏部给事中，曾为南通做了不少好事。顾养谦的故居位于今人民路老天宝银楼、新华书店（南通书城）一带，因人民路扩建都改造掉了。珠媚园旧址现为通师二附，昔日

顾养谦画像（南通市博物苑提供）

顾养谦行草《登中岳》立幅（南通市博物苑提供）

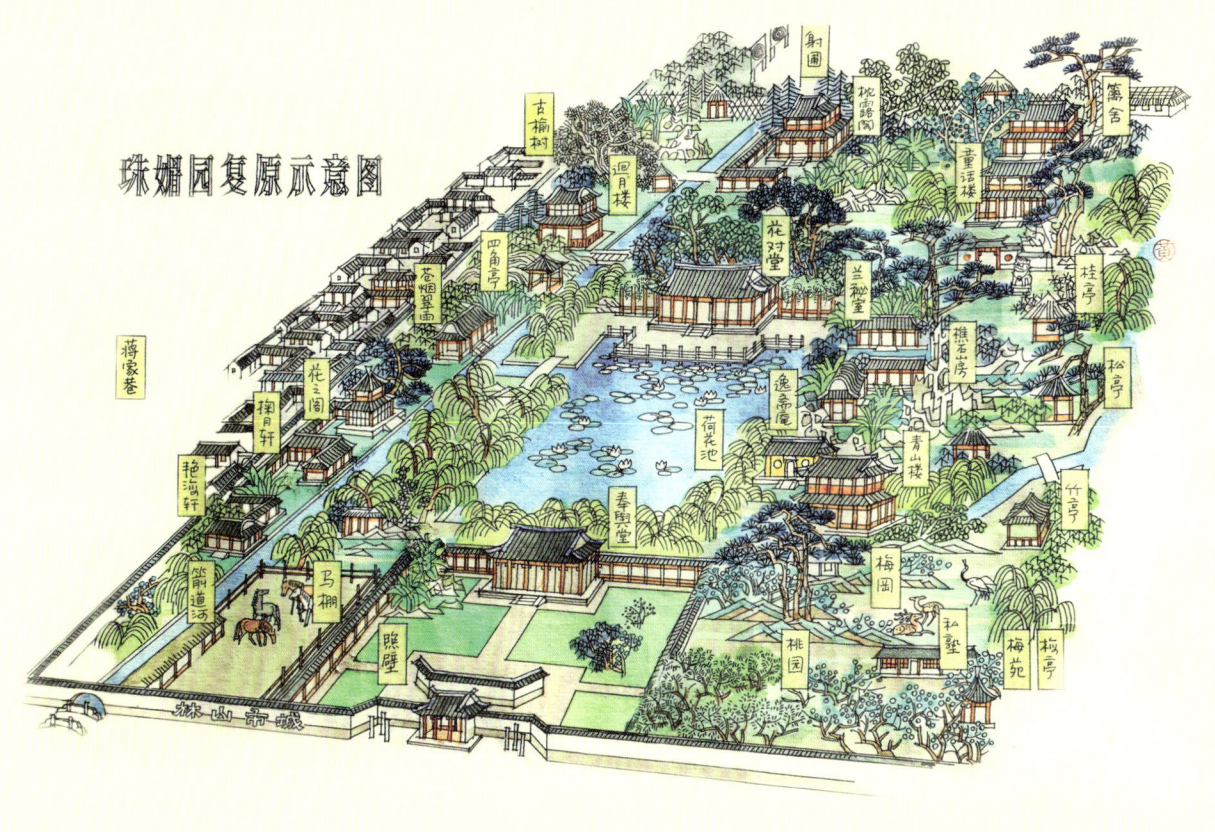

《珠媚园复原示意图》由卢君佳、曹晓东综合相关资料画出草图,最后由南通工艺美术大师黄培中绘制(曹晓东提供)

美景都已经被湮没在沧桑里。

顾养谦一生文韬武略,屡立战功;关心民生,为民办实事,深得人民爱戴。万历三十三年(1605)神宗皇帝惊闻顾养谦病故,下旨祭文中,叹称顾氏为"东南之屏障",赠兵部尚书。南通有"勋名第一顾尚书"之说。南通人民为有这样的先辈而引以为豪。

通师二附校园里的这块石碑还能让人依稀回忆起这里曾经是一个"山楼水榭,胜甲一城"的珠媚园

顾养谦《督抚奏议》(南通市历史文化展示中心提供)

柳家巷高耸的门楼里发生了多少历史变迁

昔日顾养谦宅院旧址已变成老天宝银楼和新华书店大楼

宁静的柳家巷巷子

范氏名门世家

（范应龙 1544—1623）（范伯子 1854—1905）
（范曾 1938— ）

位于寺街西侧塞巷尽头的 123 号，是诗书传家十三代、代代有古典诗词传世的范氏故居。范宅院内，是一幢坐北朝南和一幢坐南朝北的对门大瓦房。两幢房子中间为一块长方形的青砖天井，天井西头是一椭圆形的院门，通过火巷朝北到正台，正台前还有一方青砖天井。此宅为典型的南通明代一进三堂：遮堂、敞厅、正台。正台天井的东南方有一口与此院共明月的明代水井，从半空俯瞰范氏宅院，水井与不远处的光孝塔，就像一块长方形砚台边竖起一支擎天巨笔，这就是"一门两进士，十三代诗人"的笔墨风水宝地。

据古籍文献记载，南通范氏为范仲淹的直系后裔。范氏祖居苏州，后因战乱，各支脉风流云散，其中一支举家迁居南通，成为通州范氏始祖。其后代均居南通，人才辈出，为南通名门世家。

南通范氏诗文有记载的第一人为范应龙，明万历二十三年（1595）贡生，庆云县令。范应龙的三子范凤翼，明万历二十六年（1598）24 岁中进士，任国子监助教，官至吏部主事。身后留有《范勋卿文集》6 卷、《范勋卿诗集》32 卷、《楚辞解注》《历代诗选》传世。他与其子范国禄被称为范氏十三代诗文绵延的第一个高潮。

范氏家族第二个诗文高潮当属近代范氏第十代代表人物范伯子（当世）、范仲林（钟）、范秋门（铠）兄弟三人，诗文齐名，号称"通州三范"。时人称他们为"一条龙"，"兄弟以头腹尾擅誉"。范伯子为"龙头人"。范伯子，名当世，字伯子，号肯堂，清末文学家。曾九次参加科举考试而落第，35 岁后便绝意科举。曾在李鸿章幕执教。范伯子是清末同光派诗歌的主将之一，还是清代桐城派古文的重要继承者。他的老师吴汝纶评论他的诗说"大音无细响"，具有龙鹤之气和泱泱大国的风度，像李白一样天马行空，像杜甫一样博大宏放，称他为同光诗派的中坚，是一点也不过分的。有《范伯子诗集》十九卷、《范伯子文集》十二卷传世。晚年回到通州后和张謇一起办教育，兴实业。他出资和张謇一起筹办垦牧公司，又和张謇一起冲破阻力在南通办学堂。他既是通州小学堂校长，又是三江师范总教习，并领江楚译书局总纂。弟范钟，光绪二十四年（1898）进士，是历经整整 300 年后范氏家族的第二位进士，著有《蜂腰馆诗》。弟范铠，民国初曾聘修《南通县志》。

范氏家族第三个诗文高潮应是范氏诗文世家第十三代的当代著名学者、诗人、书画家范曾。据范曾自述："余

博物范亭子上范曾题对联

范伯子先生（范曾艺术馆提供）

范家故居大门

自弱冠即随先严学诗,10岁而诵《离骚》,12岁背《万古愁曲》,俯仰吟哦,感慨悲怆,有不可自胜者。"范曾的早年诗作常以新诗的面目出现,却蕴涵着古诗的功底。其后,随着画艺突飞猛进,画名日见盛隆,"题画诗"逐渐成为范曾诗作的主角。诗书画相映成趣,水乳交融,构成了范曾艺术的独特风貌。

1985年,范曾的第一本诗集《范曾吟草》问世。从此以后,诗人范曾与画家范曾,相与表里,并驾齐驱,驰骋于画坛文场,成为中国文化界一个无可替代的存在。

范曾作为画家的名声实际超过了他作为诗人的名声。1962年,范曾在中央美术学院中国画系毕业时,曾画了一幅历史画《文姬归汉图》,送去给郭沫若先生看。大文豪郭沫若为此图亲笔题诗,长四十八句,且有简跋,亲切地称他为"江左小范"。

1983年,"范曾艺术馆"在日本建成。1984年,范曾被调任天津南开大学教授,为了筹资建造东方艺术大楼,他去日本、新加坡等国和中国香港等地办画展,历经三年的艰苦努力,终于大功告成。

2008年,范曾被联合国教科文组织任命为特别顾问,成了中国文化与世界文化连接的亲和大使。钱钟书曾称赞范曾道:"画品居人上人,化人现身外身。"

范曾

范家院子

范曾艺术馆

范曾诗文集(范曾艺术馆提供)

范氏名门世家的老宅

范家后面的正屋和明代老井,仍是游子永久的牵挂

范氏故居隐藏在寺街西侧塞巷的尽头

一方水土一方人——南通寺街西南营名人影像选集

至今为止，范曾已经出版160余种诗、书画、哲学等方面的专著，其中被国家图书馆收藏的就有119种。

南通范氏诗文经过漫长的演化、补充和丰富，形成了该家族特有的家风、诗风、文风，积累了深厚的文化意蕴和历史内涵，从中不仅可以看到一个家族的兴衰，更可以看到整个中华民族艰难跋涉、奋发前行的缩影。2004年7月由河北教育出版社出版的《南通范氏诗文世家》，全书共21卷26册，510多万字。国学大师季羡林先生称此书为"宏文巨制，可以藏之名山、传之后人"，足以彪炳文苑史册。

钟馗像

《文姬归汉图》是范曾在中央美院毕业时创作的，得到大文豪郭沫若的赞赏（范曾艺术馆提供）

范家客厅

范家的门厅挂满了牌匾

客厅的一侧

敞厅西厢房

范家书房

李方膺(1695—1755)

有学者说,一个地方的魅力主要来源于两个方面:一是自然风光,二是人文历史。南通滨江临海,两者兼而有之。自然风光与人文历史相比较,后者的魅力似乎更强,它能超越地域,穿越时空,愈往后愈熠熠生辉,从而成为人类共同的精神财富。南通的人文精华,首推寺街街区,"扬州八怪"之一李方膺的故居就在寺街29号。

"扬州八怪是清康、乾年间活跃在扬州的一批具有创新精神的画家群体,以金农、郑燮(郑板桥)、黄慎、李方膺、李鱓、汪士慎、高翔、罗聘八人为代表……扬州八怪绘画或工或写,情趣横生,形神兼备,耐人寻味。其开拓创新的精神,给传统的保守派以有力的冲击,对后世的画风产生了极其深远的影响。"(摘自扬州"八怪纪念馆"前言)

1695年,李方膺出生于江苏南通。青年时就曾为自己预设"奋志为官,努力作画"两条路。他曾先后六次担任州县官,是深受百姓爱戴的清官。但是,他刚正不阿,言行屡屡得罪上司,仕途几遭艰险。他首次为官,系山东乐安知县。到任第二年,乐安发大水,灾民流离失所,他要求开仓发赈救灾。在久等批文未到的情况下,毅然担责,开仓赈灾。同时,以工代赈,修筑堤防,解决水患。后遭人详参,幸好河东总督力护,未遭处分。当他官任山东兰山(今临沂)知县时,运气就没有这么好了。因对上司不卑躬屈膝,不送礼讨好,并反对总督开垦扰民而下狱。百姓们非常着急,纷纷带上许多吃穿用物,去监狱探视。当狱卒不让进去时,他们便把带来的东西隔墙扔进去,结果竟把监狱房子上的瓦沟都填满了。李方膺出狱后,历任安徽潜山、合肥知县。但因其为民说话,导致仕途失意,被劾去官,宦海生涯就此结束。仕途的中绝,对李方膺的书画艺术来说却是件好事。正如其好友袁枚诗云:"人夺山人七品官,天与山人一支笔。笔花墨浪层层起,动摇春光千万里……"使他为世上留下了许多稀世珍宝。

李方膺在乾隆六年(1741)与七年(1742)之间建梅花楼。在以后的几年内,他在梅花楼中,同一批良朋益友研习书画。丁有煜、李鱓等都曾与他朝来暮往。乾隆十七年(1752),罢官后的李方膺寓居金陵项氏花园,名其园为借园。在南京,他与袁枚、沈凤、金农等郊游,同时卖画以求生存之需。李方膺擅长画竹、松、梅,人称他的书画"十指间拂拂有生气,非世俗所谓效某仿某者也"。

1755年秋,客居南京的李方膺因病回到故乡,九月初三在家中与世长辞。李方膺临终在棺木上写下了一生的遗憾:"吾死不足惜。吾惜吾手!"的确,像他那样杰出的一双画手,停止作画,是令人叹惜的。

李方膺故居保存到现在为一幽静的小院,原是座小花园,院内的主要建筑是建于清代的两间青瓦老屋,东、南两面有构造精巧的空花木栏围护回廊,这使得老屋平添几分含蓄典雅。偏西墙

李方膺(沈启鹏画)

边当年植满梅花的地方，如今斜出着一棵石榴树，枝繁叶茂，收获季节，树上挂满了小红灯笼似的石榴。树下有一口古井，井口被井绳磨出道道细痕，清亮光滑。庭院里那铺设着散发温润光泽的鹅卵石地面的缝隙间，纤纤细草摇曳，别具一番风味。庭院的南侧，原有一座两层砖木结构、精巧别致的"梅花楼"，当年李方膺在此写诗作画，文人画家经常在此聚会。李方膺对这座小楼情有独钟，他有诗云："水部风流思入梦，梅花楼上酒千杯。"李方膺去世不多年，因其妻陈氏乐善好施，其子李霞亦不善治生，寺街的房屋最终卖作他人。老子在《道德经》里有这样一句话，"死而不亡者寿"。李方膺作为一代风流人物，他的英名将永留中国的文化史册上。

俯瞰李家故居

庭院里铺设着散发温润光泽的鹅卵石地面

隐藏在闹市里的李方膺故居

群像雕塑（摄于扬州八怪纪念馆）

李方膺故居里含蓄典雅的清代建筑

故居大门旁的铭牌

李方膺故居大门

胡长龄（1758—1814）

胡长龄肖像

游人从南通市中心走进长长的寺街，来到寺街的北头，常常会听到一阵阵琅琅的读书声，这就是南通市实验小学所在地。而紧邻它西侧的宅院寺街125号，是胡长龄的故居。

胡长龄是清乾隆五十四年（1789）大魁于天下的钦点状元，曾任翰林院修撰、国子监祭酒，并主试山东，官至礼部尚书。

胡长龄出身寒微，但从小就聪颖敏慧，念书时十分刻苦用功，四书五经、诸子百家很早就烂熟于胸。九岁时他就去参加乡试，并取得优秀的成绩。

胡长龄成年后，即进京赶考。关于胡长龄中状元的传说很多，据野史记载：胡长龄殿试后按成绩名次本来排在第十名，当主考官将卷子"进呈御览"时，当时已七十九岁高龄的乾隆皇帝，一看胡长龄的名字，不禁欣喜异常，说"胡人乃长龄呀"。乾隆皇帝是出生于北方游牧民族的"胡人"，而"胡长龄"这个名字的意思正合这位"胡人"乞求长命百岁的心境，为借这个名字图吉祥，"龙心一大悦就把胡长龄提拔为第一，封胡长龄为状元"。当时文人有笔记称之为"胡长龄以名得大魁"（《清稗类钞·五》）。

胡长龄高中状元后，按规矩应以门生之礼去拜谒当朝宰相和珅。但他深知此人贪赃枉法，不愿与之结交，因此受到和珅冷遇，胡长龄当了十年薪俸微薄的"清差"翰林院修撰。

嘉庆年间，和珅倒台，人们发现很多朝廷大臣与和珅都有来往，而胡长龄却和他没有一丝瓜葛。胡长龄的正直和才干得到嘉庆皇帝的赏识，官职逐步提升，位至礼部尚书兼户部职。

胡长龄在京供职期间，每晚都高燃红烛，遍阅经史，又工诗赋，史学造诣尤深，为同僚所推崇，著有《三余堂集》《馈赋偶存》等。他才誉卓著，为"江东三俊"（马有章、李懿曾）之一，与山阳汪氏合称"汪经胡史"。

胡长龄身居高位，兢兢业业，不辞辛苦，终因操劳过度，体弱多病。等到皇帝批准他的要求，让他回家休养时，已是重病缠身。嘉庆十九年（1814）在回乡途中，舟行到山东临清时，胡长龄忽然大口吐血，死于舟中，终年57岁。

胡长龄在嘉庆初年父丧回籍守孝期间，曾将老宅加以整修，题名为"绿荫园"。在他的《家园杂忆》诗中有"我家小筑城之北，细水春流直绕墙，行过石桥西畔去，丛篁深覆读书堂"。

胡长龄一生清廉，身无长物，唯有在寺街留下的南通唯一的状元府，时隔数百年，至今尚存。二十一世纪初，胡状元第六代孙女胡治家一家仍在此居住。

胡长龄（沈启鹏画）

三余堂存稿（南通历史文化展示中心提供）

胡家后人在家后面开的小店

南通城唯一的状元府显得那样破旧寒酸

胡长龄故居院子里的橘子树还果实累累，生机盎然

破敝不堪的屏门仿佛在告诉人们，一代显赫的家族史已经翻了过去

一门二科三进士的顾家

光绪九年（1883）南通顾曾烜（1833—1908）及其仲子顾儒基（1858—1923）同中进士，父子双捷。紧随其后，于光绪十二年（1886），顾曾烜的堂弟顾曾灿（生卒年不详）又中进士，一时在南通传为佳话。

自隋朝开科举以来，共有十万进士。但父子、兄弟、叔侄在短时间内同中进士的情况却极为罕见。后顾曾烜任陕西醴泉、耀县等多处知县，顾儒基曾任内阁中书，顾曾灿任刑部主事。因此在顾家老宅惠民坊16号大门口曾挂有"资政大夫"的匾额。

顾家之所以成为南通的大家、望族，并非出于偶然。顾曾烜一族的祖先可追溯到明末清初的大思想家顾炎武，这一顾姓家族传承了崇文的习俗，有"苟利国家，不求富贵"的爱国传统，在家族内办学，实施儒家有教无类的思想，并实行义务教育。

顾氏在南通办学，可追溯到顾曾烜的祖父顾鸿。当时他举孝廉，成贡士，当上了吏部训导、江苏训导、内阁中书后，在年高不愿继续为官时，便回到家乡办学，努力教授子孙。晚年时，他不能再从事教育后辈的事宜了，便命任工部主事的长子顾金楠和任高邮学正的次子顾金标弃官回乡从教。《南通县志》记载，顾家金楠、金标两兄弟"以文学教授乡里弟子，着籍者，各数十百人。为时名宿，顾皆薄于进取，至子及孙，取科第乃若刈获"。意思是说，这一时期顾家埋头于教育，不去追求功名。他们的儿、孙辈在前辈的教育下，在科举场中取得功名就像收获季节用镰刀收割麦子、稻子一样多。

顾曾烜中进士后，经殿试，未能留京城做官，而是外放陕西省耀州做了一

顾曾烜像（网络图片）

耀县如今出版的《华原风土词注疏》
（赵鹏提供）

个小小的知州。知耀州前后不到三年,便以其卓著的政绩和超人才华崭露头角。在任期间,创作了无数首咏耀诗歌,最终选定100首,编就了一部诗歌体的耀州志《华原风土词》,流传至今,为人称道。

此外,顾曾烜著作颇多,有参与编写的《通州志》和《泰州志》等地方志,《方宦酬世文》《方宦售世文》《玉篇疏证》等共二十九卷,诗文录尤多。他家故居惠民坊16号的"唧鄂楼"原有一处藏书楼,所藏文物在"文革"中被悉数付之一炬,故现在遗存下来的资料极少。

在家乡,顾曾烜也热心于教育事业,他是江苏南通县公立中学的筹划人之一。光绪二十八年(1902)十二月,顾曾烜、范当世、张师汇、黄文田等人筹划成立公立中学,在张謇的全力支持下创办建成,后来成为知名度很高的南通中学。

顾儒基二十五岁即中进士。中进士后,抑或是因其年轻,没有外放,在京城做了内阁中书。他虽在京城做官,头上却又顶着一个候补奉天军粮同知的名分。而奉天作为清政府的陪都,这个同知又较其他同知高一档。顾儒基在京为官时,与后来同是通州人的张謇交往密切。当年张謇为造路,需要顾姓一族动迁祖坟,从而双方产生矛盾,亦是顾儒基出面协调。张謇亦认为顾儒基处世平和,通情达理。

顾曾灿虽晚三年中进士,但他也成就了顾氏一门二科三进士,官至刑部主事。他在京城与戊戌变法六君子中的刘光第为友。后来戊戌变法失败,刘光第也被砍了脑袋。顾曾灿一是怕被牵连,二是有绝望之感,吞了鸦片自杀身亡。所幸清政府未深究此事,其子顾儆基(顾崇敬)当时不满十岁,在家人陪同下赴京扶柩而归。

如今,顾家后人、已是古稀之年的顾林昂仍居住在老宅,续编家谱,追思先祖。

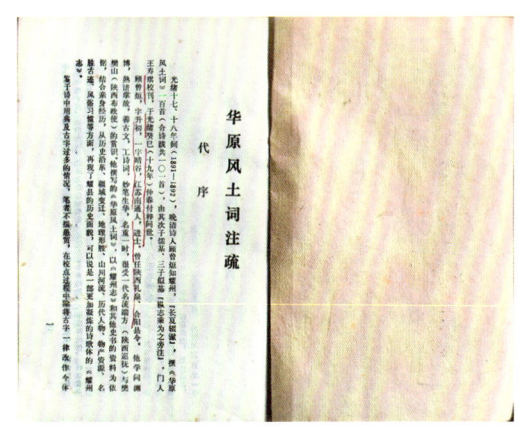

华原风土词注疏代序(赵鹏提供)

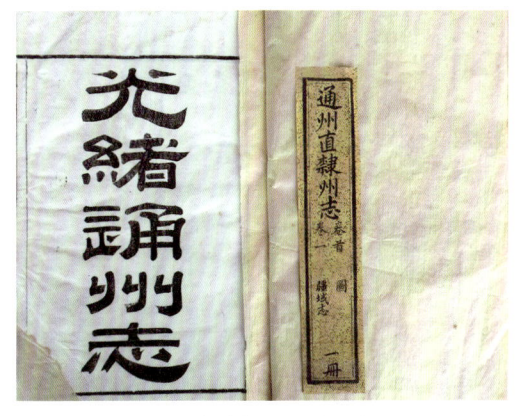

光绪通州志(市图书馆提供)

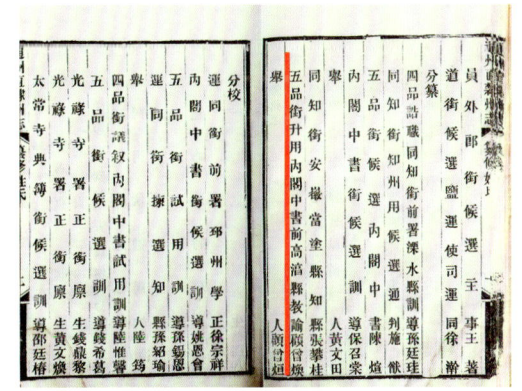

编纂人员名单(市图书馆提供)

顾氏故居啣郭楼里曾珍藏许多珍贵的书籍和文

老宅院子

惠民坊16号附7号里面的宅子是顾氏三进士的故居

顾家老宅

顾家崇文业儒，人才辈出

顾崇敬（1891—1965）的父亲顾曾灿在戊戌变法失败后，害怕受牵连而自杀。当时顾崇敬还不满十岁，在家人的陪同下去了北京，将父亲的遗体运了回来。家中的顶梁柱倒了，其生活之困难可想而知。但是他在家族崇文习俗的熏陶下，依然发奋读书。先肄业于圣约翰大学，后毕业于国民政法大学经济科。回南通后，担任了通中的教师。经历了一番风雨的磨炼，终于毅然决然地走出了卖房售地、全力办新学之路。

顾崇敬肖像（实验中学提供）

顾而已肖像（杨梦石提供）

顾崇敬早在民国六年（1917）就办了中英学塾，民国八年（1919）改名为补习学校，分中、小学两部分。民国十六年（1927）迁址英化学校旧址，定校名为私立崇敬中学。民国十九年（1930），顾崇敬用私资购东北营24亩地兴建校舍，学校始有自己的教学用房。凡顾家子弟，都可免费入学。至1949年南通解放，顾崇敬执着办学三十余年。

1952年，崇敬中学改为公办后称为南通市第三初级中学（现在的实验中学），顾崇敬任校长，直到1965年去世。在办学方针上，少有公立学校那些束缚，提倡智育、美育，努力挖掘学生各方面的才华，为国家培养了如赵丹、顾而已这样载入中国戏剧、电影史册的杰出艺术人才。

顾而已，原名顾尔锜（1915-1970），是顾崇敬的长子。进中学后，恰好与同样热爱戏剧的赵丹、朱今明、钱千里同在一个班学习。1928年，顾而已与赵丹等人成立了自己的剧团，取名为"小小剧社"。1931年，左翼剧联南通分盟成立，"小小剧社"集体加入了剧联的南通分盟。

1930年，顾而已来到上海，进入大同中学读书。不久他便正式投入左翼戏剧运动，加入剧联总盟，同时还加入了中国共产主义青年团，成为党领导下的一名左翼戏剧战士。1935年顾而已参加俄国果戈理的著名喜剧《钦差大臣》的演出团，他以夸张而又恰如其分的表演将一个昏庸贪婪的市长演得惟妙惟肖，从而一举成名，蜚声舞台。翌年，他在由《钦差大臣》改编的影片《狂欢之夜》中，再度成功地扮演市长的角色，更扩大了影响，就此进入知名演员的行列，并成为新华影业公司的基本演员。

校园里的亭子后面是小小剧社的舞台

顾崇敬、顾而已的全家福（实验中学提供）

南通市崇敬中学足球队（实验中学提供）

1955年导演《天仙配》（实验中学提供）

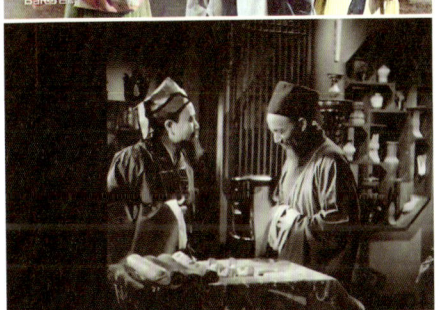
1956年扮演李时珍（实验中学提供）

导演《燎原》剧照（实验中学提供）

《水上人家》剧照（实验中学提供）

1937年抗日战争全面爆发后，顾而已在重庆参加上海抗日救亡宣传队演出三队，演出了一系列反映抗战现实、宣传爱国思想的话剧。

抗战胜利后，顾而已返回上海，先后参加拍摄电影《衣锦荣归》和《幸福狂想曲》。不久后，顾而已离开上海去香港，在永华影片公司拍电影。1948年，他出面筹组大光明影业公司，开拍了《野火春风》。同年，他第一次独立导演了故事片《水上人家》。

中华人民共和国成立后，顾而已将大光明影业公司迁回上海，满腔热情地投入了新中国电影事业。1952年公私合营，大光明影业公司并入上海电影制片厂，顾而已担任了专职导演，先后执导了十部电影。二十世纪六十年代，顾而已与人联合导演的《燎原》，应该是他导演生涯中最有价值的一部戏，

红楼是顾崇敬办的学校唯一留下来的老建筑

但也在"文革"中被安上"为刘少奇树碑立传"的罪名,于1970年6月18日离开人世。顾而已把自己的一生都献给了人民的电影和戏剧事业。

顾家传承崇文业儒的传统,培养了许多人才,促进了南通文化教育事业的发展,为南通增添了光彩。

月夜下的艺术楼静谧安详

美丽整洁的校园

教学大楼顶上的霓虹灯骄傲地告诉人们，崇敬中学是"赵丹母校、电影摇篮"

周懋琦（1833—1896）

周懋琦肖像（翻拍于南通历史文化展示中心）

他是一位清勤尽职的爱国官员，曾三上台湾岛并两任台湾知府，在当地兴水利、筑道路、修城池、崇祀典、安抚原住少数民族。他所撰写的《全台图说》，成为钓鱼岛自古就是我国领土的铁证。

他是晚清洋务运动踏实的践行者，曾率领清政府第三批海军学生前往英法留学，其中"平远号舰"即是其从英国选购，同时还培养了不少海军人才。他主动学习西方的科学文明，努力为国家的富强寻求出路。2015年2月15日，"清苦忠直梦强国——周懋琦遗珍展"在南通博物苑隆重展出。

周懋琦，又名鸿宝，字子玉，号韩侯，祖籍安徽绩溪。因祖辈来通经商而迁居南通城内掌印巷，至今还有其家族后裔居住在掌印巷28号。

周懋琦在任台湾知府期间，主持建设了台湾第一个水库——虎头埤水库，今天既是游览胜地，又依然承担着水利灌溉的要用。他还主持建设了安平炮台，抵御外来侵犯。由他建议并捐款修建的延平郡王祠，确立了郑成功在台湾的地位。尤其是为防止外来侵略，他曾亲赴日军营地交涉，宣示主权，表现出强烈的爱国意识。同治十三年（1874）左右周懋琦组织福州船政局的学员，开始对台湾全境进行测绘，并制作成地图，撰写出了《全台图说》。此地图记载了清朝时期台湾的疆域区划，对全台形势如何更好地治理提出了看法。其中有一节专门关于钓鱼岛的记述，佐证钓鱼岛为我国领土，这段珍贵史料如今受到海峡两岸的高度重视。

在台湾的那些年里，身为堂堂知府，周懋琦却是艰苦度日的。光绪四年（1878），他写给父亲的一封家书详细描述了在台湾参与"开山抚番"的经历，讲到自己"一生（身）只剩皮与骨而已"、"刻下亦无分文也"，而这也成为他一生"做官清苦忠直"的最

周懋琦画像（薛菲画）

展示《全台图说》展品的橱窗

两把子玉算盘

好写照。台湾历史博物馆前馆长曾动情地说："台湾人很感念他做的事，他特别值得我们尊敬。"

光绪十二年（1886）周懋琦返回大陆，徙居南通回到亲人身边，居住3年左右。因为在台任职期间建树颇丰，台湾每年都举行纪念仪式纪念周懋琦。2012年周家兄妹作为周家后代赴台参加"周懋琦与祀典兴济宫学术研讨会"，其间时任台湾地区领导人马英九亲自打来电话致以问候。周懋琦是南通乃至国家的骄傲，他在台湾的贡献将永载史册。

客厅的屏门

周家老屋

周家后人的合影

白雪覆盖下鳞次栉比的西南营民屋

周家的客厅陈设古朴庄重，是老街人家的典型样式

檐头

砖雕

门墩

石鼓

徐氏兄弟——周易、古琴守望者

徐益修（1877—1953）　徐立孙（1897—1969）

徐益修肖像

徐立孙肖像

徐氏全集（共13册）
（徐放提供）

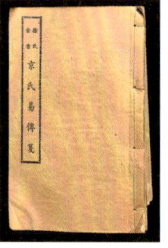
徐氏全集封面
（徐放提供）

　　从人民路进入寺街口，就能远远地望见巷子里一棵高耸的银杏树，树下的寺街59号就是徐益修和徐立孙的故居。他们是兄弟俩，年龄相差20岁。徐益修专注于国学研究，身后留下《徐氏全书》；徐立孙致力于古琴传承，和好友邵大苏一起创办了"梅庵琴社"。兄弟俩的事迹在寺街传为美谈。

　　《周易》是中国本源传统文化的精髓，是中华民族智慧与文化的结晶，被誉为群经之首、大道之源，是中华文明的源头活水，是中国古代杰出的哲学巨著。中国的《易经》不但流传至今，而且早在17世纪就传入欧洲，后来越传越广，受到许多国家的重视，近年来更是在世界范围内出现了"周易热"。

　　徐益修先生（1877-1953）博古通今，一生致力于国学专著的撰述，数十年如一日，尤其对《周易》的研究更是独树一帜。

　　徐益修生于南通寺街一个书香世家。早年就读于海门狮山书院、江阴南菁书院等。1908年始，徐益修先后任教于南通和杭州、无锡多所学校。他为了更好地教学，持之以恒、循环背诵《康熙字典》、英文字典、日文字典，背熟一页即撕去一页，人称"三典先生"。

　　西汉今文易学的开创人京房（前77-前37）曾著《京氏易传》三卷。前人晁景迁曾经用象数辩证《京氏易传》文字的错误，但晁氏此书的错误仍层见叠出。徐益修通过深入研究，决定以纠正前人的错误为己任，"乃殚思极虑，研索推求，坐卧眠食，舟车旅寓，随时随地，神思系焉"。徐益修就这样将做学问做到了忘我的地步。经过孜孜不倦的努力，他终于完成了《京氏易传笺》，这是两千年来第一部对《京氏易传》加以正确注释的专著，其中对晁著的谬误也一一订正，使濒临绝学境地的西汉易学重现异彩。

　　徐益修自1929年起，陆续出版了《易林勘复》《京氏易传笺》《诗经声韵谱》《诗经形释》等30余种国学专著，计120万字。1952年汇编为《徐氏全书》出版，入藏于全国各大图书馆。20世纪70年代初，海外亦精装出版了徐益修的部分国学专著。徐益修的易学专著继往开来，为中外易学研究者深入研究《易经》指明了途径，提供了方法，扫除了障碍，开拓了世界易学发展的道路。他的这些成就，使他成为现代的易学大师、声韵学大师、博学大师，他的研究成果一直得到当代国学界很高的评价。

　　现在徐益修的孙子徐放先生仍住在老宅中。

徐立孙先生在弹琴

"有许多人,不远千里来南通,只是为一曲《平沙落雁》。"在《文汇报》上,作家王春鸣曾这样描述过南通的梅庵琴社。在现代古琴界,梅庵琴派有"南方琴坛盟主"之称,在中国香港、台湾乃至北美皆有其铁杆传人。

梅庵琴派起源于山东,初步形成于南京,最终兴盛于南通,如今已在世界流传。可以说,南通人继承、发扬了梅庵古琴文化,使之具备了包容会通、敢为人先的江海文化特质。2017年5月中旬,海内外古琴七大流派、九大古琴世家传人雅集濠滨,在梅庵琴派兴盛地南通,纪念徐立孙先生诞辰120周年,这是梅庵琴派创始以来最大的盛会。

作为中国古琴重要的一脉,梅庵古琴在南通已经流传了近百年之久。而南通梅庵琴社的创始人徐立孙(1897—1969)的故居就在寺街59号,这个院子几乎成了全国古琴界名流雅士心目中的圣地。著名古琴家、中国琴会会长龚一,美国奥克兰大学教授、北美梅庵琴社社长于水山,中国台湾台南艺术大学博物馆学研究所所长陈国宁等都曾前来大师故居参访。

1917年徐立孙就学于南京高等师范学校,来自山东诸城的古琴家王燕卿和南通海门的琵琶国手沈肇州作为国乐教员,就在校园里的梅庵教学。他们三年的悉心教导,奠定了徐立孙作为国乐家的基础。

南高师毕业之后,徐立孙回到南通在多所中学担任教员,不少学生和社会青年纷纷向徐立孙学琴,使王燕卿系统的琴学在弟子徐立孙和好友邵大苏的努力下兴旺起来。

为纪念王、沈两位国乐恩师,徐立孙和邵大苏于1929年在南通成立梅庵琴社。1930年冬徐立孙取王燕卿《龙吟观谱》残稿重为编订,邵大苏参与校对,历时近一年,于1931年秋出版《梅庵琴谱》。王燕卿及其传人作为一个古琴流派虽然早已成形,但从南通梅庵琴社成立、《梅庵琴谱》刊行开始,这个流派才被琴坛称为"梅庵派",可见徐立孙的悉心弘扬功不可没。《梅庵琴谱》在1983年还被翻译成英文出版,其影响远及欧美等国和港台等地。如今《梅庵琴谱》是翻印次数最多、流传范围最广、影响最大的古琴琴谱。可以说,南通的"梅庵派"自成一派,且在全国的影响越来越大。

1956年,徐立孙在北京参加了第一届全国音乐周,与管平湖、查阜西、吴景略一起被誉为全国四大古琴家。2003年11月7日,继及昆曲之后,中国古琴艺术入选世界"人类口头和非物质遗产代表作"名录。2010年,"中国入选联合国教科文组织非物质文化遗产名录项目颁证仪式"在北京人民大会堂举行,我市参与申报的古琴艺术(梅庵琴派)获得颁证。

徐立孙先后担任南通市人民代表大会代表、政协委员,江苏省政协第三届委员会委员,农工民主党南通市负责人,南通市文联副主席。"文革"开始后,徐立孙身心受到严重摧残,于1969年12月去世,终年73岁。

虽然斯人已逝,但梅庵琴人薪火传递。如今除徐立孙之孙徐毅担任社长的南通梅庵琴社外,还成立有镇江梦溪琴社、北京瀛洲琴社、安徽合肥梅庵琴社、台湾台南梅庵琴社、成都梅庵琴社、北美梅庵琴社等。这真是"新枝萌蘖方盛","琴韵正春时"。

简朴典雅的徐家庭院

客厅墙上徐益修的画像，挂上去后就没动过

琴箫合奏《关山月》

盛开杜鹃花的院子

梅庵琴谱

琴社社长徐毅在演奏

琴社日常活动

徐赓起（1892-1977）

位于南通寺街武胜巷17号、19号的小巷深处，在一片青砖黛瓦的平房中间，有一幢显眼的二层楼房，民间称它为明城砖楼。前面还有一座东西两宅五个庭院的古宅，是清代咸丰年以前的建筑，可谓南通现存最为典雅精美的古宅之一，它就是徐赓起的故居。

徐赓起是台湾道台徐宗干的后裔，1917年毕业于上海圣约翰大学，同年赴美留学，是南通市第一位留美学生。徐赓起虽为独子，其母仍坚持送儿子赴美深造，于1919年毕业于美国哥伦比亚大学研究院经济科，获硕士学位。

徐赓起先生是民国时期南通工商界、金融界的知名人士。他学成回国后，深得张謇先生器重，江苏淮海实业银行创办后，担任实业银行总行协理、上海分行经理等职。由于总经理张孝若事务繁忙，一般行务都由徐赓起负责。20世纪20年代后期，他还担任通崇海泰总商会会长，大生纺织公司董事会董事，南通县救济院院长，南通学院、唐闸敬孺中学等单位董事会董事，是张謇后期的四位后起之秀之一。1930年以后，徐赓起经同学介绍去上海，任中央银行经济研究所专门委员，担任编译工作。

1938年南通沦陷后，日本人要徐赓起出来担任南通的维持会长，徐婉拒后就躲避到上海租界，随后又起身去香港回避。待时局稍稳定后，他又回到上海，隐居在租界，还参加有助于中央银行的爱国行动。1945年8月抗战胜利后，他仍然恢复在中央银行专门委员职务，负责编辑《中央银行金融月报》。

徐赓起先生一贯热心公益事业，襄助南通地方教育事业。20世纪20年代末，为了恢复停办的南通商校（即市十二中前身），他曾一次就资助四万多元。抗战结束后，在南通师范学校的复校重建工程、恢复南通博物苑等捐资募捐中，他呕心沥

年轻时的徐赓起

爬满青藤的亭台式书房

窗明几净的徐家书房

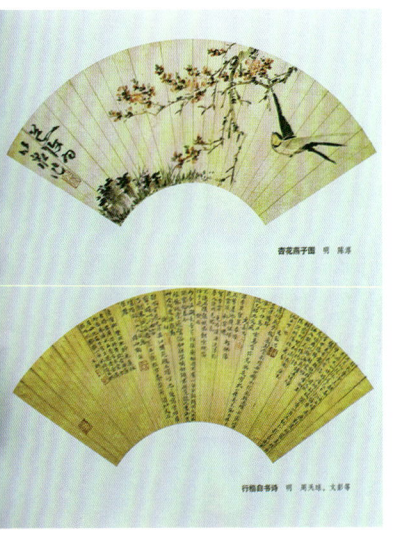
徐赓起捐赠的陈道复画的扇面

武胜巷19号大门

血,做出了重要贡献。1958年,在筹办城中幼儿园时,他又慷慨献出五栋正房和一排边房,共20间,作为城中幼儿园的园舍。

徐赓起一生工于诗词,喜好收藏字画等文物古董。他收藏之富、之精在南通都可以说是首屈一指的。20世纪50年代他曾捐赠大批明清字画、精美瓷器和其他文物古董给南通博物苑。其中有黄慎画的个道人画像、陈道复的扇面、李方膺的早年花卉、林则徐写给其祖先徐宗干的条幅等。他还将部分藏品捐赠给上海博物馆,其中有林则徐的手札和明人山水画多幅。

1949年中华人民共和国成立后,徐赓起先生被推举为南通市首届人民代表大会特邀代表,二、三届市人民代表,历届市政协委员。1956年开展公私合营运动时,徐赓起先生作为大生公司私方代表在协议上签字,同意大生公司成为公私合营企业。这段时期,徐赓起往来南通、上海之间,积极参加政治学习、公益活动,受到地方上的尊重。他关心南通地方文史资料收集与研究工作,亲自著有《近代南通金融业历史资料》《南通淮海实业银行历史资料》等。"文革"期间,徐赓起先生受到了不公正的待遇,于1977年初去世,但是徐赓起先生为南通人民所做的贡献南通人民是不会忘怀的。

徐赓起先生的儿子徐钟珏现在还住在老宅的楼房里,退休前为南通市职大外语教师。

精美典雅的明城砖楼房

徐赓起故居院子

荒废着的城中幼儿园大门

做工精致的门墩静静地倚靠在斑驳的墙边

邵大苏(1898—1938)

在南通十字街钟楼的西北角,寺街三衙墩巷6号,有一处精致的琴室,在20世纪30年代初期,那里时常传出幽雅的古琴声,那是梅庵琴社的创始人之一邵大苏家开辟的抚琴的地方。

邵大苏名森,原字培林,后改为大樗、大苏,号樗庵,现代梅庵派琴家。

邵大苏幼年丧父,母亲身兼父职,辛苦抚养,精心培育,使邵大苏从小就养成了勤奋学习、奋发向上的个性,其姑父孙支厦对他十分喜爱。

邵大苏少年时就对古文、诗词有所偏好,15岁时便有志于古琴艺术,却难觅称心的老师,仅能与好友徐立孙共同摸索切磋。1920年夏,邵大苏、徐立孙先后进入南京高等师范学校深造。邵大苏在文史系攻读诗词歌赋,成绩名列前茅,深得柳诒徵、王伯沆两位国学大师之器重。

在南高师就读期间,邵大苏和徐立孙皆投于王燕卿门下学琴。经两人潜心钻研,数年内尽得王燕卿心传,成为其衣钵弟子。

王燕卿于1921年患病,时徐立孙已毕业返里,而邵大苏尚在校。王燕卿因病移居南京山东会馆,邵大苏每日放学后都去伺候老师,从未间断。王燕卿逝世后,也是邵大苏为其料理后事。

邵大苏毕业后在南通、扬州、安庆、徐州等中学任教。在这十年间,也正是梅庵琴派蓬勃发展的十年。邵大苏利用寒暑假返回南通,与徐立孙一起重新编校王燕卿的遗著《龙吟观谱》残稿,至1923年夏编成二卷,易名为《梅庵琴谱》。1929年徐立孙与邵大苏共同创立"梅庵琴社"。1931年秋,历经八年努力,《梅庵琴谱》终于问世。

梅庵琴社创始之初,邵大苏将其书房中的小室辟为琴室,中置一可双人对弹之琴桌,后方置一小坑椅,两旁各置两椅,窗明几净,极为幽静,借供诸弟子学习及雅好古琴人士聚会之所。

1937年"七七事变"后,日军全面侵华,邵大苏辞去南京交通部的职务,返回南通。次年3月南通城沦陷,他与徐立孙带着家人避居到南通县兴仁乡王家庄徐立孙岳母家的挹爽园,以后又迁到西亭镇西禅寺母亲的老宅李氏庄园。后因乡居不便,又到西亭镇上赁屋居住。那时,南通城内的汉奸积极拉拢他为日伪做事,被他严词拒绝。

最初逃难时,邵大苏将两床古琴藏匿好,自己则怀

邵大苏肖像

古琴老师王燕卿肖像

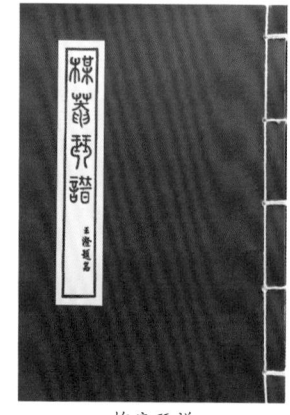

梅庵琴谱

增编梅庵琴谱

邵伟、邵慎、邵明世、邵平世、邵伟夫人在老宅合影

抱着心爱的小巧明琴逃难。安顿下来后，他也不忘与当地文人墨客时有往来，还时刻督促子女学琴。

1938年7月，邵大苏应亲友邀请，去正场参加观音菩萨诞辰法会。谁知正场一带霍乱蔓延，一天之内百余人丧生，他也不幸罹难，时年41岁。徐立孙痛失好友，特将新创作的《月上梧桐》一曲作为对好友的纪念。

邵大苏有六个子女，从幼开始，耳濡目染，潜移默化于古琴乐曲，或自幼就练琴，或以后学习操缦，在琴学上都有所造诣。其长子邵更世（号元复）得邵大苏琴操神韵，曾任中国台湾地区梅庵琴社社长，编印了《增编梅庵琴谱》上下两册，还专撰《梅庵琴派的起源及发展》等文。邵更世传授学生广及港澳及海外，为梅庵琴派的流传竭尽全力。其小儿子邵伟也习古琴，曾参加今虞琴社，时受古琴家龚一的辅导。所谓梅庵一脉，邵大苏家学未断，弦歌不辍。就连现代古琴家查阜西也曾感慨："则自琴人看来，大苏未死也。"

梅庵琴人的诗文辞章，无过于邵大苏。邵更世说："先父于诗文崇尚唐、宋诸名家，于骈文亦有心得。于琴艺思想则集儒、道两家哲学与美学观念：主张中正和平，温柔敦厚；清微淡远，潇洒飘逸。"邵大苏的诗词现存近百首，由南通博物苑赵鹏辑其残稿为《橰庵零稿》。

邵大苏次女邵明世操缦

长满葱绿茂盛植物的邵大苏故居

范北强肖像

范北强（1898-1988）

在南通，提起"女师"，可能无人不知、无人不晓。这里就不能不讲到南通女教育家范北强。范北强从事教育工作40年，具有强烈的事业心和忘我的献身精神，为南通教育事业做出了重要贡献。南通女子师范学校第一任校长姚蕴素曾这样评价范北强："渊雅吾范子"，"凌霄气清淑"，"材济世，辛勤事教育；幽谷导诸生，引之迁乔木"。可见对范北强的赞誉之高。

范北强（1898-1988），女，原名范盖晋，汉族，南通市人。1913年至1918年就读于张謇创办的南通女子师范学校。1918年毕业，先后担任南通女子师范附小教员、南通女子师范教务主任。1935年至1937年留学日本，先后在日本大学社会科、仙台东北帝国大学法文学部研究教育，成为南通地区最早的女留学生之一。归国后，仍在南通女师任教务主任。抗日战争爆发后，1938年起随南通女子师范师生辗转南通县金沙、上海、丰利等地坚持抗日民主教育。

1949年8月，范北强被正式任命为女师校长。她坚决拥护中国共产党的领导，积极贯彻党的教育方针，充分体现女子师范的特色，同时，重点培养小学师资，取得了令人瞩目的成绩。在她的辛勤教育下，女师培养出了众多的小学、幼儿教师，她们为教育事业，特别是南通教育在全国的领先地位做出了可贵的贡献。

可能一些人并不知道，南通师范学校与南通女子师范学校是张謇先生在1902年和1906年先后创建的，是针对不同的生源和不同培养方向的学校。中华人民共和国成立后，为了更好地为新中国培养新型的人民教师，促使两校合并，范北强做了大量工作。1958年南通师范和南通女师正式合并。

范北强1956年12月加入中国民主同盟，1957年1月任南通市教育局局长。她先后担任过省、市民盟的领导，全国、省、市人大代表、市政协副主席等职务。1985年12月，87岁的范北强加入中国共产党。1988年2月7日，范北强与世长辞，享年90岁，走完了她光辉的一生。

范北强的养子范德先现在还住在老宅里面。

范家客厅

范北强故居官地街71号

色彩斑斓的院子，彰显主人的意趣

卢心竹（1905—1987）

在南通十字街西南数十米的槐荫深巷——惠民坊西巷2号，有一座已有200多年历史的明清宅院，规模宏大，是嘉庆年间曾任台湾备道的南通人徐宗干和曾任知县的胞弟徐宗勉所建，后来为卢氏父辈从镇江迁来南通时所购。

园内竹石萧疏，花木楚楚，布置安妥，优雅宜人。且垣壁庭阶间，着用花窗栏盾，以虚内外，呈剔透玲珑之境……此园的主人便是卢心竹，他将此园称为"红薇词馆"，自称为馆主。他是诗词家、散文家，又是书画家和一生献身于教育事业的教育家，生前为江苏省文史馆馆员。

卢心竹出身于一个书香气息浓厚的家庭，从小就受到中国传统文化的熏陶。他青年时在省七中（即省立南通中学）毕业，后入无锡国学专门学院深造，1930年毕业后就一生献身于教育和文学艺术事业。

卢心竹曾先后执教于南通崇敬中学、省立南通中学、南通女师、市一中等学校。他博学多才，执教严谨，早在二十世纪四五十年代，在南通教育界和文坛就享有盛名。除了日常授课外，每逢寒暑假，还总有许多学生在他书房里补习，那时屋里常常会响起一片抑扬顿挫的琅琅读书声。

卢心竹一生笔耕不辍，著作甚丰。中学时代，师从徐益修、顾贶予，受其影响，有桐城遗风。他的文学作品具有中华民族传统特色，又展现时代风貌。如其中曾撰写的一篇名为《清明》的散文，与郭沫若、茅盾、老舍、朱自清等名家名篇一同被收入当年出版的《中学国文补充读本》教科书里。他一生中留下散文121篇，共80万字。

卢心竹17岁开始作诗至83岁辞世，在66年里留诗近两千首。诗文色彩璀璨，所抒发的心路历程，跌宕起伏，感悟良多。万言卷籍折射了国家和南通的兴衰变迁，是一部耐人追寻、思索、品咏的史诗。有多首诗词入编《中国当代诗词选》。曾经的中共南通市委书记、市长朱剑题词称他为"江海之子，一代宗师"。

退休后，他与一班志同道合的诗友发起成立紫琅吟社（今南通诗词协会前身），他被推选为社长，社址就设在自家堂屋。一时通城诗友云集，

卢心竹肖像（市档案馆提供）

卢老题画诗作品（市档案馆提供）　范曾为卢老画像（市档案馆提供）

卢心竹故居大门

1984年诗社成员合影（市档案馆提供）

卢心竹夫妇和儿子合影（市档案馆提供）

定期会晤。其题材广泛，诗风各异，然志趣相同，推动了南通诗坛的繁荣。作家丁芒写长文纪念卢心竹，说他一生以诗为伴，诗渗入了他的整个生命。

卢心竹还擅长书画，南通书法家魏武先生所著《南通书法一千年》书中，将他列为宋元以来南通书法家之一，认为其"书法流畅，受张謇影响甚多"。卢心竹每画必题诗，尤显中国画之特色和意境。他的画清秀闲逸，画家陈曙亭赞他："所画花卉草虫，清雅多致，尤富词人风格，其绘之竹以毕肖物之精神者，乃从现实中来，每有会心辄为怡然。"卢心竹是当年南通少数融诗词、书法、绘画于一体，具"三绝"之才的文化人。当代文化界名人范曾与顾乐夫二十世纪七十年代同来卢舍为他写照，并题诗"红薇翠竹总东风，卢老谈经气势虹"。这正是卢心竹一生的真切写照。

卢心竹去世后，其故居曾出租给一位画家作画室用。

1983年诗社成员合影（市档案馆提供）

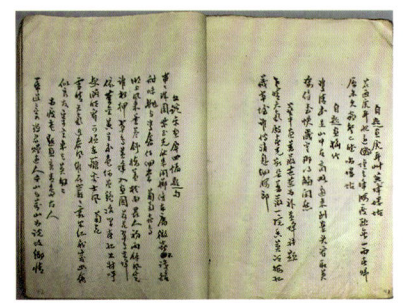

卢老书法作品（市档案馆提供）

高大宽敞的卢心竹堂屋出租成了画室

小巧玲珑的庭院遍植四季花木

史 白（施椿寿 1908-1946）

  推开南通十字街西北隅寺街119号的大门，踏着残留着岁月印痕的青砖小道，沿着一排风回低吟的青翠松柏，走进一个花木扶疏的小院，里面有一个新四军纪念室。这个纪念室是史白的家人为了纪念新四军的革命文艺战士史白烈士，于1985年建立起来的。

  史白（1908-1946），原名施椿寿，出生于南通寺街，是一位集美术、戏剧、音乐等多种艺术才能为一身的革命文艺奇才。早年就读于上海美专，在国画、油画、水粉画、版画、木刻等方面均有建树，多幅爱国题材的木刻、版画被鲁迅先生选进其主编的《青年版画集》。他是中国左翼作家联盟的成员，中国左翼戏剧家联盟南通分盟的创始人。他曾以"新民剧社"为主干，联合赵丹、顾而已等人组织"小小剧社"，开展戏剧活动，公演了多部爱国主义话剧。史白还为赵凤翱起了一个满意的名字——赵丹。

  抗战中，他创作并参与演出了众多话剧。1941年初出席新四军军部召开的"苏北文化协会第一次代表大会"，并受到当时新四军政委刘少奇同志的接见。

  1945年日寇投降后，一次史白从南通回根据地，途经金沙等地，看到解放区船来车往，人民安居乐业，一派繁荣昌盛的景象，他心潮澎湃，写下了《别处哪里有》的歌词，沈亚威为之谱曲。这首歌不胫而走，在解放区广为流传，吸引了无数青年投奔解放区。

  1946年7月16日，史白罹患霍乱。由于国民党反动派发动内战，封锁了解放区，药物奇缺，史白患病前后仅10个小时便与世长辞，时年仅38岁。地委以党礼厚葬史白，以党旗覆盖遗体，棺殓于东台叶挺公园内。当地报纸还出了悼念史白的专刊，称史白"毕生的艺术活动是和他艰苦的革命活动、民族革命战争和中国人民解放斗争紧紧联系在一起的"。史白的去世是"分区文艺界的一大损失"。

史白烈士纪念室

革命烈士史白

革命烈士证书

随着时间的流逝，解放区人民没有忘记这位毕生为革命文艺奋斗的革命文艺战士，1950年，民政部批准史白为革命烈士。1984年4月，南通市文联、南通市文化局召开"史白纪念会"，纪念史白烈士逝世38周年。史白烈士将永远活在人民心里。

史白故居庭院一角

史白故居大门

寺街里历经沧桑的街巷

一方水土一方人——南通寺街西南营名人影像选集

丁瓒（1910—1968）

2010年，丁瓒一百周年诞辰，中国科学院、南京大学、南通高等师范学校先后举办纪念活动。南通高等师范学校在校园里举行了隆重的丁瓒先生铜像落成仪式，铜像的基座上镌刻着："著名心理学家，中国医学心理学、病理心理学奠基人，中国科学院建院时期主要负责人之一。"

丁瓒，字慰慈，原名丁达四，1910年6月25日出生在南通寺街小巷14号一个贫民家庭。9岁丧父，家境贫困，靠其母用针线维持生活。1942年丁瓒小学毕业后，考入南通师范学校免费读书，很知用功学习。他接受革命思想较早，1927年"四一二政变"后，经同班同学刘瑞龙介绍参加了中国共产党。

1930年，南通地下党因叛徒出卖而遭严重破坏，他的老师顾怡生先生将江苏省政府通缉丁瓒的情况提前告诉他，并亲自送他到芦泾港乘船离开了南通。

丁瓒先到杭州民众教育实验学校专修班免费学习，但也从此失掉了与党的关系。1931年丁瓒考取南京中央大学心理系，他特别喜欢心理卫生这门课，并取得优异的成绩。1936年，丁瓒大学毕业后到北京协和医院脑系科做研究生，跟随脑系科主任美国人莱门学精神病学。

抗战时期的1942年，丁瓒到重庆中央卫生实验院从事医学心理学研究工作，并担任几所大学的教授。丁瓒经常到各个学校做心理卫生方面的讲演，很受群众欢迎。

在重庆期间，他曾以学者身份为共产党做了不少宣传工作，并参与了党的统战工作。在李维汉具体领导下，适值国共重庆谈判期间，当时毛主席居住于国民党和谈代表张治中家中。为了保证毛主席的饮食安全，党决定由丁瓒把关，做好安全保障工作。

抗战胜利后，丁瓒回到南京继续在中央卫生实验院工作。1947年借助于世界卫生组织的奖学金，丁瓒被选送赴美在芝加哥大学心理系和另一所精神病院读书和学习，并到纽约、华盛顿、伦敦、巴黎、日内瓦和哥本哈根等地参观访问，同时组织了中国科学分会，团结了在国外中国留学生中的部分科学工作者。1948年8月在英国伦敦参加

丁瓒肖像（丁守一提供）

1939年北京画家蒋兆和先生所绘丁瓒与夫人舒维清画像（丁守一提供）

坐落在通师校园里的丁瓒铜像

1949年4月丁瓒出席布拉格世界保卫和平大会与部分代表合影（丁守一提供）

1949年9月第一届政协科技界代表筹备委员会成员合影（丁守一提供）

国际心理卫生大会，10月回香港，由廖沫沙、冯乃超介绍重新加入中国共产党。年底离开香港先到沈阳，1949年2月进入北平。

1949年3月，丁瓒受党中央委托，协助陆定一、郭沫若筹建中国科学院，并历任中国科学院党组副书记、办公厅副主任、计划局副局长、心理研究所副所长和中华全国自然科学专门学会副秘书长、中国心理学会秘书长、《心理科学通讯》主编等职，为中国的科技建设付出了诸多心血，做出了重要贡献。特别值得一提的是，中科院建院初期，丁瓒曾利用自己做地下工作的经验，引导旅居英国的李四光先生摆脱台湾国民党特务的跟踪胁迫，成功回到了祖国，从此他与李先生结下了深厚的友谊。

1953年丁瓒受到不公正的待遇，离开科学院领导岗位，并在1968年5月被迫害致死，终年59岁。1980年，中国科学院党组为他平反昭雪，恢复了名誉。

紧靠钟楼广场的丁璜故居

丁璜故居院子

故居堂屋

有100多年历史的通师曾培养了大批德才兼备的师资人才

一方水土一方人——南通寺街西南营名人影像选集

黄耀曾肖像

黄耀曾（1912-2002）

在南通十字街市民广场的西边，寺街三衙墩巷向北有一大片房屋，曾是黄耀曾的故居。

黄耀曾是中科院院士、我国著名的化学家，是制造第一颗原子弹所需氟油的研制者、有机氟化学的先驱者之一，也是我国金属有机化学的开拓者。

黄耀曾1912年11月11日生于三衙墩巷23号一个书香门第。他从小聪明过人，4岁即入学，11岁小学毕业进入南通中学，17岁考入中央大学（现南京大学）化学系，师从我国化学界前辈、著名有机化学家庄长恭先生，成为庄先生的高徒。22岁获得理学士学位。毕业后到庄长恭先生主持的中央研究院化学研究所做有机微量分析，自创实验新路，成为我国有机微量分析方法的创始人。

黄耀曾曾经说过："活着总得为人民做点好事，天生我材必有用。"中华人民共和国成立后，黄耀曾的聪明才智得到充分发挥。他结合生产实践搞科研，取得累累硕果。

20世纪50年代，黄耀曾与他人合作，研制出有机汞杀菌剂——西力生，为消灭长江流域危害面积较大的棉花红腐病、立枯病和小麦黑穗病，为提高农业产量做出了贡献。他还是金霉素和四环素药物研制的主要人员之一，在不到半年的时间里就把金霉素试制成功，冲破了美国的经济封锁，打破了垄断，不仅治愈了许多病人，而且在东南亚市场赢得了极好的声誉。

20世纪60年代初，黄耀曾接到了一项我国国防军事科技的重大研究任务：协作研制符合原子弹、氢弹等核武器要求的塑料粘接炸弹。经过一次次的试验，他研制出一种不发生裂痕、耐老化、可长久储存的特殊塑料粘接材料，在制造原子弹、氢弹中得到实际应用。他还从1961年起着手对原子能工业中不可缺少的重要材料——氟油中的元素氟进行研制。元素氟是一种非常活泼的元素，有剧毒，易爆炸，危险性极大。针对元素氟易爆炸的特点，他和同事们把试验场所搬出实验大楼，在楼顶上搭起临时窝棚。元素氟有剧毒，他们就戴上防毒面具，身边放着急救包做实验。最终，试验成功，中国第一颗原子弹就用到了黄耀曾他们制造的氟油。

从1978年开始，黄耀曾全力以赴，开拓了金属有机化学的研究领域，使这

长长的三衔墩巷子

1997年获得何梁何利基金科学与技术进步奖。图为获奖证书（通中提供）

在学术报告会上

些研究工作在国际上都处于领先水平。

当年，黄耀曾从铁道部接受研制系列电镀溶液（当时称为快速电镀或涂镀）的任务时，他认为这项技术对机械零部件修复很有效，特别是对现场修复和野外抢修意义很大，符合我国国情，民用、军用都需要。在他的努力下，这项研究不但取得了成功，而且获得了巨大的经济效益，自1982年在全国推广应用以来，至20世纪末，已为国家创收达20亿元，且连续在"六五""七五"和"八五"三个五年计划中被国家列为重点推广应用项目。

黄耀曾说："人们常说搞科研要有两个口袋，一个口袋装基础，一个口袋装应用开发。但是我认为要多一个口袋，那就是出人才。"先生的基础研究和应用开发两个口袋已是装得满满的，他的人才口袋同样如此。"文革"前在先生手下工作的人都晋升为副研究员、研究员，有一位已成为博士生导师。迄今为止先生已培养出10余名博士和10余名硕士，其中多人获得上海市科协青年科技论文一等奖、中国化学会青年化学奖、院长奖学金特别奖和优秀奖。他自己在1988年获得中科院上海分院优秀博士生导师称号。

经过漫长的不懈努力，黄耀曾终于成为国内外著名的有机化学研究方面的专家、中科院院士，先后获得1994年第三世界科学院化学奖、1997年何梁何利基金科学技术奖两个世界级奖项和六个国家级奖项。

故居院子

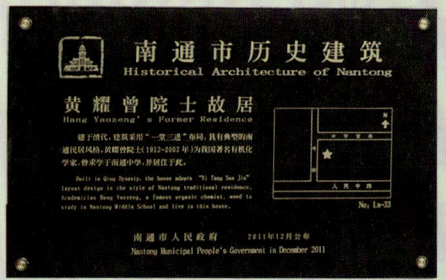

故居大门旁的铭牌

深深的火巷两侧是黄家高大的屋宇

钱素凡（1912-1946）

钱素凡肖像

钱素凡，又名钱彤，南通人，生于1912年11月。父亲钱啸秋，为南通教育界著名人士。钱素凡性情爽直，富有正义感；酷爱文艺，并有一定的学术造诣。1931年"九一八"事变后，在上海沪江大学附中读书的钱素凡目睹国土沦丧，人民流离失所，悲愤交加，积极参加抗日救亡运动，因此被开除学籍。1933年，钱素凡入中央大学地质系学习，继续参加抗日救亡运动。1937年抗日战争全面爆发，钱素凡回到南通，与其他进步青年一起，组织了东北军五十七军一一一师抗日义勇宣传队，宣传抗日。1938年南通沦陷后，他先后在上海通州中学、东台角斜中学、如皋潮桥商业中学任教，从事抗战教育工作。1941年回到南通城，继续在南通中学等学校任教。在学校中，他一直支持学生的进步活动。

抗战胜利后，钱素凡仍在南通中学任教，他对国民党反动派倒行逆施、实行黑暗的法西斯统治极为痛恨，积极参加民主运动，和共产党也有了联系。他经常对学生进行时事教育，宣传和平民主，在青年和学生中颇有影响。1946年1月，钱素凡兼任《国民日报》副刊《苏北文艺》编辑，他用犀利的笔锋写出很多谴责国民党反动统治、要求和平民主自由的进步文章和诗歌。当有人劝他少写"过分刺激"的文章时，钱素凡坦然回答："要我写就不能限制内容！"他积极参加进步青年的文艺活动，在文艺晚会上发表热情洋溢的演说。钱素凡的活动为国民党反动当局所忌恨。他曾多次接到匿名的恐吓电话，以死相威胁。但他无所畏惧，大声回答："你们来好了，我等着你！"

钱素凡文集

1946年初，国共两党签订的停战协定宣布生效，但是国民党军队公然破坏停战令，向苏北解放区发动了进攻。1946年3月，传来了以韩念龙为我方代表的军调处徐州执行小组淮阴组将要来南通的消息。3月18日当执行小组到达南通时，在共产党地下组织领导下，南通进步青年一千余人举行了游行请愿。群众游行队伍浩浩荡荡地集结在大码头等待执行小组的到来。临近中午，毛毛细雨不停地下着。大家忍着饥饿，在寒风中仍然精神抖擞，在路边广场上开起了"文艺午会"。大家唱着钱健吾和陶应衍在雨伞下谱写的歌

故居客厅钱素凡烈士遗像下摆满鲜花

钱素凡和孙术结婚照（钱炜提供）

在通中的钱素凡塑像

钱素凡儿子钱炜在中华人民共和国成立初祭扫父亲墓（钱炜提供）

曲《坚决等待》，钱素凡慷慨激昂地朗诵徐惊百的诗《颂歌》，鼓舞群众的斗志。

国民党反动派对学生的示威活动十分恐慌，决定用大规模的逮捕和屠杀来压制人民对和平民主的要求。顾迅逸、郑英年、孙日新、孙平天先后遭逮捕杀害。4月4日凌晨，钱素凡在南通中学教师宿舍被特务绑架。面对残酷刑讯，他大义凛然，严词痛斥，被割去一只耳朵。当夜，他与季天择、戴西青、罗镇和一起被特务剥光衣服，捆上绳索，戳破胸腹，丢入江中。

为了争取和平民主，钱素凡等"三一八"斗争烈士坚强不屈，献出了自己宝贵的生命。中华人民共和国成立后，钱素凡被追认为革命烈士，郭沫若为他的衣冠墓题词。钱素凡的光辉形象至今仍活在南通人民心中。

寺街石桥头巷13号是钱素凡家的老宅，他的儿子钱炜一家现在仍住在老宅里。

石桥头巷钱素凡故居大门

钱家庭院长满花木,生机盎然

徐家烈士与博士两兄弟

徐惊百（1915—1946）徐雄（1920—2016）

徐惊百肖像

提起苏联小说《钢铁是怎样炼成的》主人翁保尔·柯察金，可谓家喻户晓。南通也有一位在革命战争时期战斗在敌占区的身残志坚、才华横溢的革命文艺斗士，被人们誉为中国的保尔·柯察金，他就是徐惊百。

徐惊百，名震，1915年出生于南通城东龙王桥徐家（祖屋已没有），后来全家移居寺街胡家园6号，这里现在成为革命烈士徐惊百的故居。徐惊百的侄子徐咸，现在烈士故居办了南通抗日义勇宣传队纪念室。

徐惊百在小学高年级时，因患大腿部骨结核而辍学，但他以惊人的毅力坚持自学，读完高中课程。1933年，徐惊百以优异的成绩考入南京中央大学教育学院艺术系。在学校里，他勤奋好学，成绩优异，深受科主任徐悲鸿的器重。

1935年，徐惊百在南京中央大学积极参加抗日救亡运动和进步的文化活动，在"一二·九"运动期间，他当选为中央大学学生会主席团成员，积极组织中央大学的学生游行、请愿，声援北平"一二·九抗日救亡爱国运动"。1937年夏，徐惊百毕业于中央大学。他放弃了赴法国深造的良机，毅然投入到抗日救亡的洪流中。

徐惊百于1937年参与发起建立"抗日义勇宣传队"，加入驻通的东北军一一一师，在该师共产党秘密组织的领导下，进行抗日救亡工作，徐惊百是宣传队的中坚。1937年11月，一一一师奉令离开南通，徐惊百随军北上，转战于徐淮、鲁南一带。在行军中，他以顽强的意志、惊人的毅力，战胜种种困难，在国民党军队中开展了卓有成效的爱国主义宣传教育工作，深得士兵和老百姓的爱戴。1938年6月，徐惊百加入了中国共产党。

1940年春，徐惊百旧疾复发，关节结核发炎化脓，疮口溃烂不愈，举步维艰，不能再随军行走，不得不离开部队去后方医院治疗。在上海治疗期间，病情继续恶化，医生决定采取手术，他的右腿沿着骨盆被截割下来。之后回南通继续治疗。

徐惊百回南通后，由于手术创口久不愈合，溃烂浸染至小腹部，连粪便也从创口流出。他

模特（素描）

徐惊百（左二）等人北上声援"一二·九"运动在正阳门站前留影

忍着常年高达40度的高烧和疼痛，继续为党工作，家里成了地下党员和进步青年的聚集点。

抗战胜利后，徐惊百在病床上不断撰写文章揭露国民党反动派专制统治，宣传民主、进步的思想。他在南通"三一八"斗争发生前，就写了《民意在雾中》一文，揭露南通国民党统治者伪造民意的卑劣行径。在国民党特务屠杀革命青年的事件发生后，他又把事件真相写信给有关人士，后来在《新华日报》上予以披露。

1946年8月27日，与病魔搏斗到最后一刻的徐惊百在南通的病榻上去世，年仅31岁。1949年南通解放后，徐惊百的母亲根据徐惊百生前的嘱咐，将他的绘画、日记、书籍等遗物捐献给了南通市政府，现存于南通博物苑。

1957年12月27日，中央人民政府向徐惊百家属颁发了"革命牺牲工作人员家属光荣纪念证"，授予徐惊百革命烈士称号。

徐雄是革命烈士徐惊百的二弟，是一名科学家。1937年毕业于南通中学，当年考入武汉大学电子工程系，1941年毕业于西南联大。抗战时期他到重庆中央广播电台担任工程师，在地下室工作了五年，用向全世界广播的形式，从事抗日救亡工作。1946年他参加抗战胜利后

英俊潇洒的徐惊百在作画（徐咸提供）

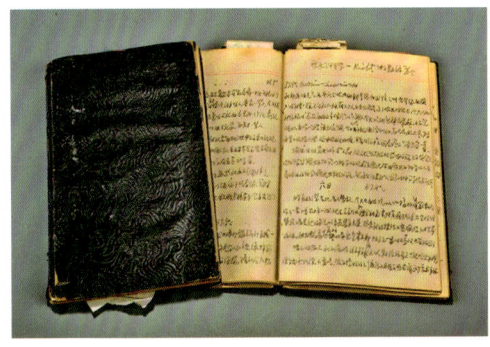

徐惊百日记（南通博物苑提供）

首次公费留洋全国统考，考取美国哈佛大学光学工程系研究生。1950年获博士学位。毕业后到美国通用电气公司担任工程师。1962年又被美国俄亥俄州立大学聘为教授。

1971年，徐雄得知中国已与加拿大建立外交关系后，驱车到渥太华中国驻加大使馆，向黄华大使提出回国探亲的申请。黄大使请示国内后，给他回复，请他联系与他有同样要求的美国学者，组织一个"美国学者访问团"，由中科院出面发出邀请，来中国与中国科学家进行科技交流，同时满足他们回家探亲的要求。

1972年7至8月间，中美首次科学家科技交流大会在北京召开。其间周恩来、郭沫若、乔冠华等接见了中美双方的科学家。周总理对这次科技交流活动给予很高的评价。

家园（水彩画）1934年作

家（版画）

徐惊百（右二）与家人合影

徐雄长期从事光学科学研究，在20世纪70年代百废待兴之时，为清华大学、武汉大学开设的光电课程提供了自己编写的大量国际前沿技术的教材。1982年8月，徐雄回国讲学时，受到时任国家副主席王震的接见，王震对徐雄促成中美第一次科学家科技交流活动给予高度评价，说他对中美恢复关系正常化，对两国的科技交流工作，做出了很大的贡献。

徐雄于2016年4月30日在美国逝世，享年96岁。徐家两兄弟一个是革命烈士，一个是在美国学有所成的科学家，他们同样热爱祖国、热爱家乡，他们的赤子之心受到人们的赞誉，他们是南通人民的骄傲。

徐雄夫妻合影（徐咸提供）

1947年徐雄在哈佛大学实验室（徐咸提供）

胡家园6号徐惊百故居大门

徐惊百生前住的屋子

徐雄肖像（徐咸提供）

深深的胡家园两侧有多位名人的故居在此

徐惊百故居

赵 丹（1915—1980）

赵丹肖像

提起赵丹，"90"后、"00"后的青年可能知道的人不多了，可是在老一辈的人眼里，赵丹可是个家喻户晓的人物。

赵丹的故居坐落在西南营巷36号，现在里面还有一个赵丹陈列室。赵丹原名赵凤翱，籍贯山东肥城，生于江苏扬州，后居南通，是卓有成就的表演艺术家。在几十年的艺术生涯中，他一共拍摄了35部故事片，塑造了一系列光辉的艺术形象，被誉为"中国影坛的一朵奇葩"、"享誉国内外的人民艺术家"，为中国的戏剧和电影事业做出了巨大的贡献。

赵丹少年时便酷爱艺术，常常跟着父母去看京戏，回到家就能绘声绘色地模仿，无论动作还是唱腔，都颇具味道。

1927年秋，赵丹升入崇敬中学（现在的实验中学）就读后，遇到了一群同样爱好文艺的同学——顾而已、朱今明、钱千里等。他们志向相同、趣味相投，很快成立了一个"小小剧社"，自编自演节目。在崇敬中学期间的表演实践，奠定了他们日后成为电影艺术大师的坚实基础。

1930年秋，赵丹考入上海美术专科学校。美专毕业时，他被邀请加入明星影片公司。由于他热爱表演艺术，又有刻苦钻研的精神，加之形象好，有表演天赋，很快成为引人注目的明星。著名电影艺术家秦怡回忆赵丹时曾讲过这么一个故事：为了表演好《马路天使》"小陈"这个角色，他走上街揣摩人物性格，心里琢磨着戏，竟然不小心撞上了人家的玻璃橱窗，手指流出了血，可

丹亭周围的石碑上讲述了赵丹的故事

电影《青山恋》剧照（实验中学提供）

电影《烈火中永生》剧照（实验中学提供）

赵丹扮演的林则徐剧照（实验中学提供）

电影《乌鸦与麻雀》剧照（实验中学提供）

电影《海魂》剧照（实验中学提供）

他仍浑然不觉，乐在其中。

赵丹在银幕和舞台上成功地塑造了60多个栩栩如生、光彩夺目的人物形象。他曾说："一个艺术家，无论什么时候，都应该给人以真、以幸福！"他做到了。赵丹成名后曾说过，他在南通时酷爱演戏，幼时的兴趣与嗜好把他推向了银幕。

1980年，中日合作拍摄影片《一盘没有下完的棋》，邀请赵丹担任主角。就在赵丹倾情投入、做拍摄影片的准备工作时，癌症击倒了他。10月10日，赵丹走完了他65年的人生。

赵丹会说一口纯正的南通话，在上海与钱千里等老乡私下里常常会用南通话沟通。著名导演江平在回忆赵丹的文章中提到和赵丹见面时，经常听到他一口的南通话。赵丹晚年曾经深情回忆道："我是喝濠河水长大的，南通是我的第二故乡，是我艺术的摇篮，一辈子都不会忘记。"

1992年10月，在赵丹逝世12周年之际，家乡人民在其母校实验中学设立纪念亭——丹亭。亭中塑有赵丹半身像，基座下安放着赵丹的骨灰，四周遍植赵丹生前喜爱的四种植物。从此，这位人民的艺术家回到了他艺术启蒙的地方，回到了他钟情的这片土地……

丹亭建在赵丹生前喜欢的花卉植物中间

赵丹故居北边有一棵300多年树龄的黄杨树，曾经有很大的树冠，遮住了赵家房子半个屋面

傍晚走在校园里的四个"小小剧社"成员憧憬着美好的未来

故居院子里虬曲的忍冬藤茁壮成长

陈金渊（1915—1980）

　　南通地区濒江临海，物阜民安，可谓人杰地灵的风水宝地。可是，这个位于长江入海口的冲积平原究竟是如何形成的，它经过了怎样的变迁？近代，五山以南有大片土地也被江水冲刷坍塌于江中。那么，这块土地的成陆有一段怎样的历史？南通老城区寺街95号的陈金渊先生经过不懈努力，撰写了《南通地区成陆过程探索》，文稿成为南通地方历史地理研究的重要文献。

　　陈金渊青年时代于中学毕业后，为全家生计而奔波，进入银行界任职。抗日战争初期，他参加进步青年组织的抗日宣传活动，主持编印《前锋报》，把胜利的消息及战争形势传播给民众。在银行工作期间，主业之余，收集历史地理资料，研究城市的历史沿革成为他的第二专业。20世纪50年代，他广泛收集资料，选题自编《中国城市历史沿革表》，受到复旦大学谭其骧教授、北京大学侯仁之教授的重视。50年代末，经两位先生的推荐调入中国科学院地理研究所，曾参与编绘《中国历史地图集》，并对西南及东北边界进行深入的专题研究，为边界谈判、勘定提供力证。60年代初，国家经济困难，机构紧缩，奉调南归。回南通后陈金渊仍到人民银行工作，并确定了业余研究南通地区成陆过程的课题。他对历史上分布在南通市范围内的扶海洲、胡逗洲、东洲、布洲等沙洲的形成与发展，进行了系统的探讨。他提出南通地区自西北向东南由沙洲并接而形成的观点：自汉代以来，南通曾有四次沙洲与大陆的并接：南北朝时扶海洲与扬州东部沙咀的并接；公元10世纪初，胡逗洲与其西北边的海陵大陆并连；11世纪中期，东布洲与通州静海县的连陆；18世纪中期以后，海门厅及其以东、以南的沙洲，逐步与通州大陆连接。1962年国庆

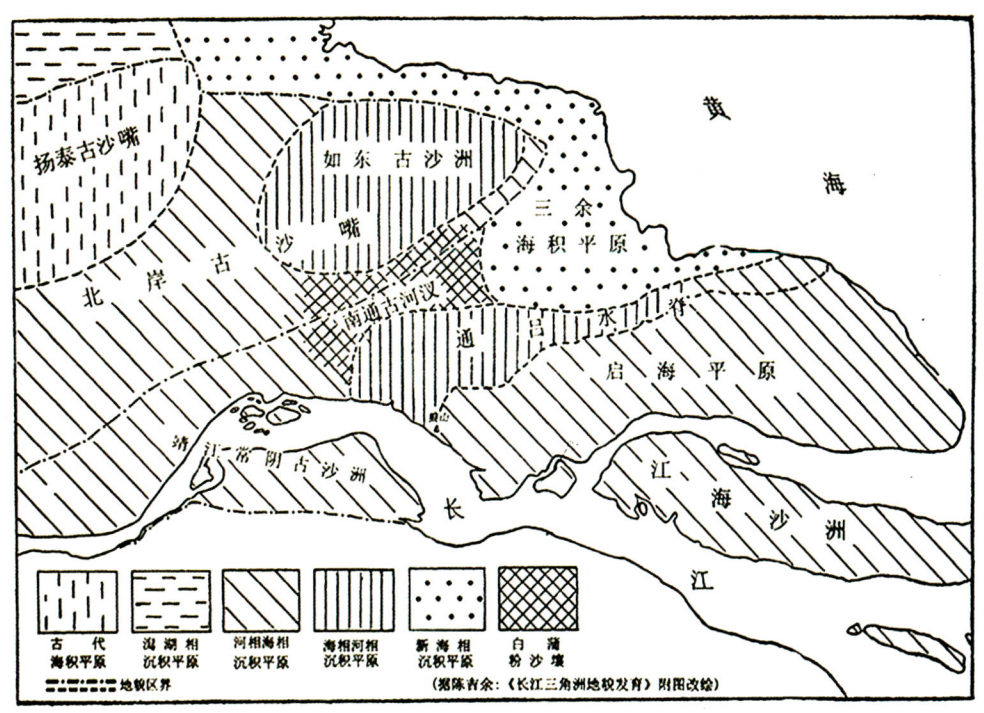

南通及附近地区地貌分区和成因类型图

节前夕完成《南通地区成陆过程的初探》书稿,后定名为《南通地区成陆过程的探索》。他的研究成果填补了历史地理学界对长江三角洲江口北侧研究的空白,受到历史地理学界及有关方面的重视,研究成果为学术界所引用。2010年,文稿经校补以《南通成陆》为书名,由苏州大学出版社正式出版,为《江海文化丛书》所收录。

陈金渊的儿子陈炅现在还住在老宅里。

《南通成陆》书

陈金渊夫人和家人合影

寺街95号陈家大门

江村（1917-1944）

1917年出生于寺街胡家庵巷2号的江村，是位在抗日战争时期就得到周恩来、郭沫若赞赏的闻名于大后方的戏剧表演艺术家和诗人。

江村从小喜爱戏剧，就读城北小学时即开始登台演戏。进入南通中学后参加新民剧社活动，开始昂露出戏剧方面的才华。

1936年，江村同时考取了中央大学文学院和南京戏剧学校。前者名气更大，但江村还是选择了后者，去圆戏剧表演的梦。幸运的是，在戏剧学校里，江村受到了曹禺、叶圣陶等名家的悉心指导，奠定了厚实的文化艺术基础。毕业后，加入了上海业余剧人协会，与赵丹、陶金等戏剧名家共事。再后来，江村又加入了以郭沫若为团长的中国万岁剧团，与著名演员张瑞芳、舒绣文、郑君里等活跃在抗战大后方的舞台上，书写了他短暂生命中最辉煌的一页。

江村在南京戏剧学校门前照片（南通博物苑提供）

在短短的三四年中，江村参加演出了《阿Q正传》《蜕变》《闺怨》《夜上海》《雾重庆》《棠棣之花》《虎符》《北京人》《大雷雨》等大型话剧和电影《中华儿女》《白云故乡》《日本间谍》的拍摄，引起了强烈的社会反响，江村受到广泛关注。尤其是在江村和张瑞芳主演的曹禺名剧《北京人》中，他饰演的曾文清一角，被誉为"绝唱"。当时在重庆的周恩来看了演出后称赞说："江村演的曾文清，文弱书卷气都刻画出来了，真令人信服。"的确，江村是有诗人修养的演员，又是有演员条件的诗人。他写诗著文，又演话剧，其精神气质是一般演员难以达到的。张瑞芳也曾评价说："江村的诗人气质确实不是单凭演技可以得到的。"

江村在重庆生活极端艰苦，但是他在繁重演出的同时仍抽出时间努力读书，并写过好多诗、文，发表于报纸杂志上。尤其是诗作，深得郭沫若等的赞赏。周恩来也很喜欢江村的诗，有时还叫江村朗读给他听。有一首题为《嘉陵江水静静地流》的诗，曾由著名音乐家张定和为之谱成男高音独唱歌曲，传唱于重庆和大后方，激励了成千上万人的抗战热情。江村在诗中写道："嘉陵江水啊你静静地流，把我的思恋，流到遥远的扬子江头，告诉我故乡的人民。我要回去，我要回去，带回去幸福和自由！"江村思念家乡、亲人的浓烈情感，在诗歌结尾处的呐喊，令人动容和悲愤。

面对进步话剧运动的蓬勃兴起，重庆反动当局不甘心失去自己的阵地，千方百计进行干扰。他们炮制了一个反动戏剧《蓝蝴蝶》，并强迫江村参加演出。江村对反动当局的威胁利诱坚决予以抵制，因而受到从政治上到生活上的重重迫害，甚至被限制行动自由。在贫病

江村摄于重庆的全身照片（南通博物苑提供）　　江村1936年在戏剧学校与同宿舍同学合影（南通博物苑提供）

交加的情况下，他不得不设法摆脱羁绊，仓促出走成都。

　　天妒英才。正处于戏剧表演辉煌期的江村，却被肺结核这个当时是绝症的病魔缠上了。1944年5月23日，江村在成都去世，年仅27岁。文艺界、新闻界人士以及剧作家陈白尘等参加了江村的葬礼。出殡时大雨滂沱，天人同悲，更添几分凄凉气氛。

　　江村的青春是短暂的，但他没有"空去"，而是带着一颗坚贞不屈的赤子之心和人们对他的怀念之情离去的。他的生命也不是"黄粱一梦"，而是善恶分明、敢爱敢恨、追求真理、追求美好理想的一生。江村无愧于他的艺术和事业，无愧于他的故乡、祖国和人民！

江村（右）与凤子（左）在电影《白云故乡》的表演（南通博物苑提供）

故居正屋

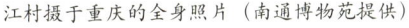

曲折的胡家庵巷旁边曾居住着江村、范氏名家等

国医大师朱良春90岁英姿（朱韧提供）

良春国医堂药房

国务院发给朱良春特殊津贴的证书（朱韧提供）

朱良春（1917–2015）

朱良春先生，1917年生于江苏镇江丹徒，宋代著名理学家朱熹公的第29代裔孙。中华人民共和国成立后曾住掌印巷39号。

朱良春先生是全国著名中医内科学家，治学严谨，技术精湛，对内科杂病的诊治具有丰富的经验，对时兴热病提出"先发治病"，痹症具有"久病多虚、久痛多瘀、久痛入络、久必及肾"之特点，慢性久病"从肾论治"等论点。先后研制了"益肾蠲痹丸""复肝丸""痛风冲剂"等21个有自主知识产权的医院制剂。部分中药新药，获部、省级科技奖。主要著作有《虫类药的应用》《朱良春用药经验集》等十余部，发表论文近200篇。

1934年，朱良春因为患肺结核休学一年，完全用中医药治疗了近一年，终于获得痊愈。

这一年，对于一个勤学上进的17岁青年来说，实在太长了。然而，他并没有被疾病所吓倒，也没有仅仅停留在医治疾病的事情上，而是勤于学习、善于思考，最后决定放弃商业中学的学习，转而学习中医，要"悬壶济世"。这是一个重要的转折，也是中医历史上经常发生的"久病知医""久病成医"历史佳话的又一次再现。

朱良春1935年赴武进孟河，师从清代御医马培之后人马惠卿习医；一年后考入苏州国医专科学校学习。抗战爆发后，朱良春先生只身来到上海，千难万苦，找到章次公，成为章先生的得意门生。

靠勤奋，也靠虔诚，朱良春先生不仅深得章次公器重，而且还结交了曾国藩的外甥聂云台先生。聂先生留学德国，学的是工程学。但是，他很不幸患有糖尿病，又因为糖尿病而两下肢截肢。就是这样一位病人，不甘心做一个地地道道的患者、残疾人，而是矢志研究中医学，要做一个有益于社会的人。通过对于医学的追求，他经过反复验证，总结出来两个治疗传染病很有效的方子：表里和解丹、温病三黄丸。他把自己的创造传给了朱良春先生。

1939年，朱良春先生在南通开业之后，赶上了登革热流行，他就用聂先生给他的两个方子，或单行，或配以汤药，表里双解，解救了大批患者，也验证了中医药治疗外感热病的良好效果。

朱良春不仅医术高明，其怜悯和尽心也让人相当感动。中华人民共和国成立前朱良春在南通行

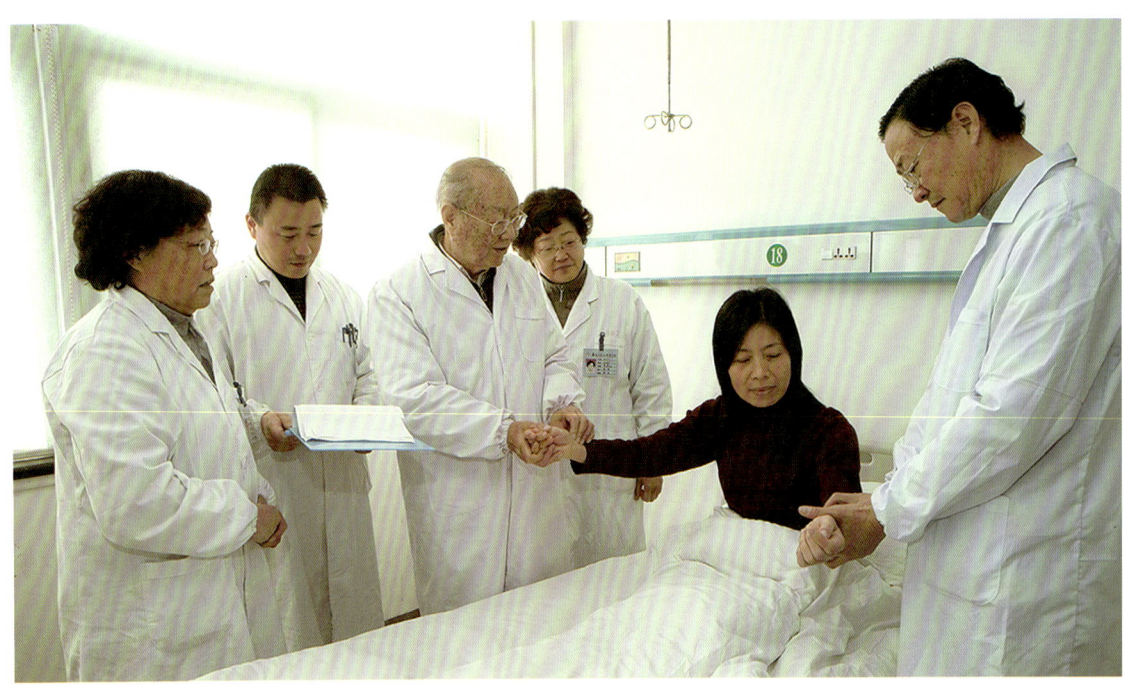

查房（朱韧提供）

医时，曾经对穷人施诊给药，给病人开了药后，盖上免费给药印章，到指定的瑞成药店抓药，朱良春每年端午、中秋、年终同药店老板结账。朱良春早年在南通办过中医学校，中华人民共和国成立初期还把合办的联合中医院全部设备无偿捐献给国家。

多年来，朱良春从不以名医、大家自居，对同事、下属、学生、徒弟、平民百姓皆一视同仁，对求教者真正做到了有信必复、有问必答。季德胜是旧社会流浪江湖的蛇花子，陈照和成云龙也是治疗瘰疬、肺脓疡的土医生。已经是南通中医院院长的朱良春多次前去拜访，待之以礼、晓之以义、动之以情，和他们终成莫逆之交，使他们自愿将独门秘术捐献给国家。

卫生部中日友好医院史载祥教授深有体会地说："朱良春先生在中医学术领域中的大家风范，博采百家，自成系统，更难能可贵的是，先生平生所处，偏于东南一隅，当今中医居地区一级，而影响及于全国者，朱老一人而已。超越区位强势，独树一帜，声誉遍及国内外，这一现象值得我们深思。"曾任国家卫生部副部长佘靖女士在题词中写道："良医悬壶七十载，仁术惠泽万家春。"

2015年8月16日朱老九九大寿全家福（朱韧提供）

南通中医药文化博物馆（朱韧提供）

俯瞰天宁寺,屋宇连片,庄严肃穆。

2014年10月21日广西中医学院刘力红教授拜访朱老（朱又春提供）

掌印巷西巷口

掌印巷紧跟时代发生的变化

环城西路华威园6号良春国医堂外貌

顾迅逸肖像

顾迅逸（1919—1946）

1946年初，在国民党反动派统治下，南通城笼罩在一片白色恐怖中。街头巷尾、校园内外，中统、军统特务、三青团的魑魅魍魉四处活动，百姓处在极端高压下生活。但是，在南通城西门边的西南营义巷，却另有一番天地。义巷5号的顾宅，是一座明代的两进院落。3月17日晚上，只见一拨又一拨朝气蓬勃的年轻人进进出出，写啊画啊，处处摊放着传单、标语，不时地传来欢声笑语……这座古宅就是顾迅逸的家。顾迅逸被认为是1946年"三一八"斗争的总指挥，公开的群众领袖。

顾迅逸，又名顾永惜，1919年1月13日出生于南通书香人家。他自幼聪颖过人，博闻强记，能文善诗。抗战时期就积极参加救亡宣传活动。解放战争前夜，按地下党的布置，他带领以青年剧艺社为骨干的文艺协会会员和南通广大进步青年与学生，与国民党反动派发动内战、镇压人民民主、特务横行的行径作殊死的斗争。

1946年3月，传来了以韩念龙为中共方代表的军调处徐州执行小组淮阴组将要来南通的消息。南通地下党组织和爱国青年运用各种形式，唤起民众，将欢迎执行小组淮阴组和举行游行示威结合起来，揭露敌人的阴谋，表达争取和平民主的强烈愿望。

3月17日，在地下党组织的策划下，进步团体"南通文艺协会"在实验小学召开成立大会，顾迅逸亲自起草《文协致军调执行小组的公开信》，准备第二天进行游行请愿。

3月18日，游行请愿队伍冒雨从育婴堂巷实验小学出发，到大码头去欢迎执行小组莅临。下午，游行队伍又直趋执行小组下榻的桃之华旅馆，他们冲破了反动军警设置的一道又一道的铁丝网，到桃之华旅馆向执行小组递交了南通文艺协会的公开信和第二天邀请执行小组参加茶话会的邀请函。

初战告捷，顾迅逸马上又紧急张罗第二天在女师召开茶话会的准备工作。20日，当顾迅逸听到一些由还乡团、御用商会等反动社团，以及三青团胁迫来的不明真相的学生队伍，在中共代表住的楼下喊叫抗议，他当机立断带领身边的青年急速赶到桃之华旅馆，振臂高呼："彻底惩治汉奸！""反对伪造民意！""取消特务机关！"学生当场也跟着一齐响应。三青团教师一看苗头不对，急叫学生回校，队伍顿时就散了。

反动当局恼羞成怒，顾迅逸成了他们的眼中钉、肉中刺，迫不及待要下手镇压了。这时地下党派交通员传信，要顾迅逸暂撤到解放区四安去。可是他却说："执行小组还没有走，斗争还在继续，这个时候我不能走！"他还对妻子说："我已经有儿子了，死而无憾。如果我出了事，家中还有些房子，你们母子可以靠此生活。"他已经做好了为革命献身的准备。

国民党反动派真的下手了，执行小组还没有离开南通，他们就秘密逮捕杀害了被他们视为"为首分子"的顾迅逸等3位青年，过了几天又先后绑架杀害了另外5位青年。烈士的鲜血是不会白流的，中华人民共和国成立后杀害革命青年的刽子手们被镇压，顾迅逸等八烈士永远活在人们心中。

顾迅逸的儿子顾林曜现在还住在老宅里面。

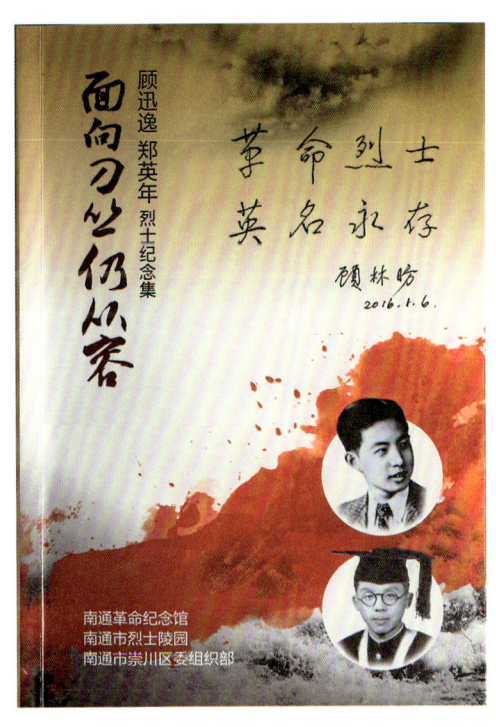

顾迅逸 郑英年烈士纪念集

顾迅逸故居大门

昔日的街巷已变成休闲的乐园

顾迅逸故居门口走过一对快乐的老人和孩子

马世和肖像（南通烈士陵园提供）

马世和日记（南通历史文化展示中心提供）

马世和（1922—1947）

在三衙墩巷深处的一户人家，曾经是被誉为"孤胆英雄"、"谍报女杰"、杰出的中国共产党地下工作者马世和的故居。

马世和，又名淑华，1922年5月19日出生于寺街三衙墩巷13号（原小巷22号后门）。10岁时母亲冷惠德去世，父亲马季漠系南通纺织专门学校毕业，先后于天津、上海、无锡等地纺织厂任职。世和及弟妹三人从小寄居姑母家。

马世和在南通中学求学时，读了许多革命进步书籍。抗日战争全面爆发后，15岁的马世和在国破家亡的动荡时代，开始人生道路的选择。她与几个进步同学发誓："坚决不做亡国奴！"在父亲的支持下，她毅然离开家庭，投笔从戎。1938年4月，马世和到陈家酒店参加江苏省第四行政督察专员公署特务总队。1938年8月，中共江北特区委员会进入抗战支队开展工作，马世和参加了抗战支队，先后任政工队员、政工队副队长。她和政工队员去如皋县岔河西的崔家河和银杏埠子一带的农村，向群众作宣传，经常住庙宇、睡地铺。马世和像个地道的农村姑娘，以浅显易懂的道理向农民传授文化知识，宣传抗日救国道理，深受群众欢迎。1939年春，经中共江北特委批准，马世和加入了中国共产党，那年她才17岁。

马世和在革命斗争中迅速锻炼成长。1940年新四军东进后，她任掘港区委书记，后任如皋县委组织部长。1941年11月，苏中四地委为了贯彻执行中央关于开展敌后城市工作的决定，经过慎重考虑，派遣马世和只身进入敌占区南通城，担任中共南通地下组织特派员，领导开展群众工作，进行合法斗争，配合根据地的武装斗争。

1943年春，日伪对苏中四分区进行"清乡"，马世和在中共四地委领导下，打入敌伪特工机关，获取敌人的核心机密，配合根据地的反"清乡"斗争。1943年底，马世和在四甲坝特工组工作时，发现一份日伪派遣潜伏在我通东地区的8个特务名单，便迅速秘密抄下，通过地下交通转呈四地委机关。根据地的公安部门经过查核，将这8个特务一网打尽，消除了隐患。苏中四分区司令员陶勇赞扬马世和起了拿枪的军人所起不到的重大作用。

南通基督医院

故居现状

马世和在伪特工组秘密抄录情报（侯德剑画）

马世和剪去辫子、在护士掩护下从容脱险（侯德剑画）

  1944年，马世和不幸染上了肺结核，7月，住进了基督医院。这时，日伪特务机构对马世和的身份已有所怀疑，派出特务到医院对马世和进行秘密监视。马世和自知身陷险境，却不动声色，泰然处之，思考着新一轮的战斗。当马世和获悉党组织正准备营救自己时，她表示："要注意保存党的力量，千万不要以同志们的安全换取我的生存，否则我的心不安，党也不允许的。"

  7月30日的傍晚，马世和在护士的掩护下，剪去辫子，戴上墨镜，从日伪特务的眼皮底下从容走出医院大门，在根据地游击队的接应下，回到了解放区。就在马世和胜利而归的当夜，一卡车武装宪兵开到医院捉拿马世和，结果自然是扑了空。

  马世和由于长期积劳，她的肺病一天天严重，后来从根据地后方医院转到上海的医院治疗。1947年6月7日，马世和不幸病逝于上海中山医院，时年25岁。中华人民共和国成立以后，马世和移葬上海江湾烈士陵园。1950年7月，中共南通市委为马世和的墓地修坟树碑，以志永念。

古朴的三衙墩巷记录着许多历史故事

它默默地从历史深处走来

袁氏兄弟三名人

袁运开（1929—2017）袁运甫（1933—2017） 袁运生（1937— ）

在当代寺街石桥头 27 号，袁家兄妹八人中出了多个名人，这在南通也是罕见的。他们是袁运开、袁运甫、袁运生。

袁运开曾任我国兴办的第一所新型师范高校——华东师范大学校长。他终生致力于自然哲学、教育学研究，是中外著名的科学史家，国际欧亚科学院院士。

袁运开 1929 年出生于一个书香门第。1947 年夏，他考取了浙江大学，进入物理系学习。1951 年，他大学毕业后，由国家统一分配到上海华东师范大学从事教学工作。1955 年，袁运开成为一名光荣的中国共产党党员。后来被学校党委派去学哲学，学完哲学又去学习恩格斯的《自然辩证法》和自然科学史。袁运开从原来的物理学研究转向了科学史与自然辩证法的研究，进入了自然科学与社会科学的交叉领域。

从 20 世纪 60 年代到现在，袁运开在科学史与科技哲学、科学普及与物理教育、教育科学方面，取得了引人瞩目的成就。袁运开先后担任普通物理、电动力学、原子核理论与自然辩证法、科学史的本科及硕士专业的教学与研究生培养工作。对华东师大物理学史、科技哲学两个硕士专业及物理系的创建与人才培养做出了贡献，对华东师大的改革与发展、高师教育改革与发展和中学的课程教材改革进行了理论探索并在实践中有所贡献。

袁运开著书甚多，他编写的书不仅数量多，质量也很高。他担纲主编的《物理学史讲义——中国古代部分》《中国科学思想史》《大学后系列书——教师必读丛书》等都得到社会上很高的评价。

排行老四的袁运甫谨遵自重、自省、自觉的家教，一生以"辛勤耕耘无终期，不敢懈怠误艺涯"自励。小学毕业时，他以优异的成绩考取了南通中学。1949 年，袁运甫考取了中西绘画实力强大的现代艺术摇篮——杭州艺专。1953 年初，他转学北京的中央美术学院，受业于张光宇、张仃等老师门下。由此，袁运甫汲取南北各派名家之长，获益不浅。

1956 年，中央工艺美术学院成立。袁运甫被留校任教。他融会中西艺术，勇于探索创新，涉足于水粉画、油画、彩墨画、装饰艺术、壁画艺术、公共艺术等广阔的领域。每一次新的尝试，都是一次新的挑战，一次"新的情感和意志的较量"，可喜的是他都能取得成功。

1977 年他与黄永玉先生合作设计毛主席纪念堂大型壁画《祖国大地》，1979 年他在首都机场创作了《巴山蜀水》大型壁画……仅至 1995 年 6 月，他就完成大型公共艺术

袁运甫肖像

袁母和孩子们

运甫、运生、运正合影

运生（右二）运开（右三）范曾（右四）
运甫（左四）运正（左二）合影

典雅的庭院、巨大的紫藤象征着紫气东来

袁运开回母校

袁运开任华东师范大学常务副校长时的留影

袁运开夫妇与女儿在国外合影

作品32件，总面积竟达3651平方米！

袁运甫在他的艺术实践中，根据主题与环境的需要采用重彩、丙烯、金属、陶瓷、石雕、印染、刺绣、编织、镶嵌、木雕、漆艺等，几乎涵盖了所有的工艺材质。材料随环境取舍，材料为主题作势，使形质神韵浑然天成。在20世纪90年代后，他的艺术创作由壁画拓展至雕塑，而至更广义的公共艺术——遍及全国的文化广场，这时他的这些技艺被充分体现出来。袁运甫先后为辽宁大连市彩虹广场，为广西桂林华夏文化广场，为江苏南通市通州区市民广场设计了雕塑。他又中标担任国家重点艺术工程项目的主笔——安装在故宫"太庙"的国家大型礼器"中华和钟"，以及安装在跨世纪、越千年的标志性、纪念性国家文化设施"中华世纪坛"的《中华千秋颂》石雕壁画，和中央金柱《龙凤呈祥、日月光华》等的总体设计。

袁运甫的许多艺术创作，给人们带来了高品位的美的享受，是不可或缺的精神食粮。

排行老六的袁运生生于1937年4月4日，1949年考取了南通中学。他和同班的范曾、顾乐夫一起受到上海美专毕业的班主任顾云璈的重点培养，使他们的美术才能得以发展。

1955年袁运生以第一名的成绩被中央美术学院油画系录取，成为著名油画家李宗津的得意门生。正当他春风得意、信心满满地在艺术领域奋进时，却突然遭到晴天霹雳。1957年他被戴上"右派分子"的帽子。1960年初，他被送到北京郊区的双桥国营农场。

接受"劳教"的"右派"三十多人，都是教授、艺术家、学者，中央美术学院院长也在此列。在这里袁运生"因祸得福"，得以亲耳聆听这些艺术大师们精深独到的艺术见解，亲眼看见知识分子宁折不弯的人格尊严。这使袁运生学艺做人受到潜移默化的影响。

雕花屏门的屋子里走出了许多名人

老家温馨的书房

袁氏兄弟老家精致的里屋装饰

袁运生回母校时赠送的画（通中提供）

袁运甫画的南通风景

老家温馨的书房

袁运开的文选

袁运甫创作通州市民广场壁画

袁运开为通中九十校庆题词（通中提供）

  1962年，袁运生被分配到吉林省长春工人文化宫工作。1978年他曾有一次上云南西双版纳体验生活的机会。他在采风中画了大量的线条组织的画，这为他后来被邀请为首都机场作壁画《泼水节·生命的赞歌》准备了素材。《生命的赞歌》创作后，产生了轰动效应，但是也有一些反对的声音。他回到中央美院壁画系任教后，却无法再从事壁画创作，使他感到深深的苦恼。事情又出现了转机，1982年美国哥伦比亚大学、美中文化交流协会等会同美国政府共同邀请袁运生赴美讲学。不久，袁运生获准以中国艺术家的身份赴美参观访问。

  外面的精彩世界使袁运生眼界大开，而他的文化修养、艺术才华和人格魅力，也让美国文艺界钦佩。仅仅两年的时间，袁运生在美国艺术界声名鹊起。1984年，袁运生受聘于哈佛大学艺术办公室。这期间他创作了大量作品，并在美国等国家和中国台湾等地区举办画展。

  1996年，袁运生的母校中央美院正式邀请他回校主持油画系第四画室的教学重任。他接受聘请，于当年秋季回国任教，开始了一个历经艰难、痴心不改的真诚艺术家的新的艺术历程。

  袁氏三兄弟创造的业绩为南通增添了光彩，他们是南通人民的骄傲。

徐尔铸（1936-2013）

徐尔铸肖像

徐尔铸在接听求助电话

志愿者现场接受法律咨询

  2002年12月，在北京庄严的人民大会堂，67岁高龄的徐尔铸被团中央、中国青年志愿者协会破格授予中国志愿服务金奖（全国仅三人获此奖项）。《人民日报》、新华社、中央电视台等媒体多次报道他的事迹。

  徐尔铸退休以后，1998年由团市委、《江海晚报》、东洋之花三家发起建立江海志愿者服务站，由他主持工作。这一干就是14年，使这项活动成为南通市精神文明的重要组成部分，全国闻名，被称赞为南通模式。

  徐尔铸1936年出生于寺街侯家巷2号一个昆曲世家，1952年初中毕业，经过一年的速成班学习，1953年被分配到实验小学当老师，那时他才17岁。到二十四五岁时，市里组织大型活动，如国庆节少先队检阅、组织游行队伍，他已能挑起总指挥的担子。

  1962年以后，徐尔铸先后被安排到市少年之家（少年宫）做文体工作和十五中的体育老师。"文革"后恢复少年宫，他参与筹办跃龙路人防工程开辟青少年活动阵地的工作，之后又调到青年宫负责抢救失足青年的工作，直至1997年退休。在这期间，他还利用业余时间参加函授学习，取得法律学的大专文凭。

  1998年3月，徐尔铸参与筹建江海志愿者服务站。身为站长，他一方面着手招募在医药保健、水电气维修、电器修理、法律咨询等方面有一技之长的志愿者；另一方面深入社区，调查摸底，掌握了一大批需要帮扶的孤寡老人、烈军属和有特殊困难的人群情况，以便组织协调志愿者上门提供无偿服务。在服务站，徐尔铸是志愿者、接线员、服务员、协调员、联系人、策划人、组织者。因为怕求助者扑空，徐尔铸经常吃住在服务站。10年来，他累计接听来电3万多次，接待来访1万多人次，联系志愿者提供上门服务2.5万多人次，组织开展广场服务活动近千场，帮助结成"一助一"长期服务对子1500多对。

  在徐尔铸的感召和组织下，江海志愿者

江海志愿者走进新农村活动合影

荣誉证书

共青团中央、中国青年志愿者协会颁发的"中国志愿服务金奖"奖牌

队伍由成立之初的34人发展为拥有1个总站、130多家分站、800多支服务队的志愿服务网络，注册志愿者达13.6万人（2013年7月15日《现代快报》）。志愿者队伍中，有各类专业人士，有热心于公益事业的学生、下岗职工、个体户，有在南通工作的外国人。他们从身边的小事做起，从点点滴滴做起，将关爱和真情播撒社会，南通市民亲切地称他们为"不走的活雷锋"。

大爱无私的徐尔铸，先后荣获中国志愿服务金奖、全国道德模范提名奖、江苏省道德模范等众多荣誉，2008年还被选为奥运火炬手，参加了奥运火炬在南通的传递活动。2013年7月13日，徐尔铸老人走完了他最后的人生旅程，终年77岁。

"中国梦"能否实现，很大程度上取决于全社会公民的思想道德水平的高低。以徐尔铸为代表的江海志愿者，身体力行，为政府分忧、为百姓解难，在他们身上体现了作为现代公民应有的建设意识、责任意识、大局意识，为"精神文明南通现象"注入了蓬勃生机与活力，他们是"中国梦"的践行者。徐尔铸老人虽然走了，他给南通这座城市留下了弥足珍贵的精神财富。我们有理由相信，"奉献、友爱、互助、进步"的志愿服务精神，一定会在江海大地薪火相传、深深扎根。

徐尔铸嫂嫂李宜安仍居住在故居。

长满鲜花的院子在阳光下色彩斑斓

李吉林老师

李吉林（1938— ）

在寺街的西边，有一条贯通南北的巷子，叫官地街。官地街73号是著名的儿童教育家、中国情境教育创始人李吉林的住宅，周围邻居称之为"情境园"。

1956年，刚满18岁的李吉林从南通女子师范学校毕业后，走进了通师二附的前身——女师附小，成了一名小学语文教师。李吉林从教以后一直在思考"怎样把孩子教聪明"。"情以物迁，辞以情发"，中国古代文论中的"情境说"为李吉林打开了一扇全新的儿童教育视窗。她带孩子们来到蒲公英花丛边，看毛茸茸的种子飘飘悠悠地乘着春风飞去河那边；她带孩子们去观察船闸，看一艘艘的大驳船、帆船，排着长队开往长江；她和孩子们一起数古塔飞檐下叮当作响的风铃，领着孩子们一起看中秋满月怎样从小河边冉冉升起……在长达50多年的从教生涯中，她探索、构建起一套完整的情境教育的理论体系。优化的情境，把孩子们教活了，学得忘我，获得语言、想象和创造的自由。李吉林的辛勤劳动最终得到了喜人的收获。她的学生二年级时人均识字数为2680个，达到四年级学生的识字水平，课堂阅读量是一般班级的6倍。甚至她教的班上三个学生的作文上了《人民日报》头版，并加了编者按。

在以后的教育实践中，李吉林还大胆地将情境教育向其他学科延伸，并提出"建设跨世纪优秀教师群体"的构想。她潜心研究开发情境课程，并通过各级各类培训活动辐射开来，真正实现了情境教育走向大众化的初衷。

李吉林认为："即便是小学教师，也应该有自己的思想和教育主张，那么，我们就可以大言不惭地说：我是一个思想者。"

李吉林从教50余年期间，一直在不断地学习，向书本学习、向专家学习、向实践学习。没有上过大学的她有句名言："我的大学在小学。"她在教学的探索和实践中，不断进行总结。到2004年，她的30余万字的《情境教育的诗篇》问世。2006年，360多万字的《李吉林文集》在人民教育出版社出版。她前后共写出数百篇教育论文、随笔，编写了1—12册小学语文补充教材，出版13本专著、8卷本文集，研究成果13次在全国获奖，其中一等奖有9项。2008年11月，在由中国教育国际交流协会、教育部课程教材研究中心等单位联合主办，南通市人民政府承办的"李吉林情境教育国际论坛"上，与会的美、英、日等国专家及国

通师二附校门

内众多著名学者称"情境教育"是具有中国特色、中国气派、中国风格的教育思想体系,是"回应世界教育改革的中国声音",她创造的"情感与认知结合的理论"填补了中国乃至世界教学论的空白。2009年8月,鉴于其对中国基础教育做出的杰出贡献,她被评为"50位新中国成立以来感动江苏人物"和"20位新中国60年江苏教育最有影响的人物"。

南京师范大学鲁洁教授说:"学校教育它源于生活,但是发展到后来就脱离了生活。儿童进入学校以后,就进入到另外一个世界里去,一个抽象的符号化的世界。这是一个难题,综合性的难题。李老师做的研究就在探索一条途径,寻找到一个中间的东西使它能够与生活连接起来。"

直到现在,年近八旬的李吉林仍然笔耕不辍,继续向教育的深处探寻,叩问儿童学习的本质。

明代才子祝允明说:"身与事接而境生,境与身接而情生。"在一个以儿童为中心的情境教育世界里,李吉林一直流连其中,沉醉其中。

年近80岁的李吉林老师仍匆匆行走在培养学生的路上

客厅

官地街 73 号李宅大门

庭院里姹紫嫣红、十分绚丽

110

一方水土一方人——南通寺街西南营名人影像选集

别有洞天的庭院

顾乐夫（1938— ）

顾乐夫肖像（陈建华提供）

顾乐夫画张謇像
（南通城市博物馆提供）

2010年10月16日，南通博物苑举行了隆重的顾乐夫画展开幕仪式。南通市的四套班子代表和各界人士到场祝贺，气氛隆重热烈。

顾乐夫为旅美著名画家。1938年10月25日出生于寺街76号。1952年，顾乐夫与袁运生、范曾一起成为南通中学的同学，同样的生活环境、同样的文化熏陶、同样的艺术追求，使三个小画家走得很近。三人既是志同道合的画友，又是无话不谈的伙伴。

1955年通中毕业后，袁运生考取了中央美院，范曾考进了天津南开大学历史系，第二年顾乐夫被中央美院华东分院（现为中国美术学院）版画系录取。

顾乐夫学版画时，正是中国版画发展最快的时期。由于顾乐夫的勤奋，他的版画创作进步很快。入学后不久，他便成为学校的高才生，在全国画界也小有名气。但是因他所谓"反苏言行"，被错划为"右"派。1958年被《中国美术》杂志点名批判后，顾乐夫被送到浙江农场接受劳动改造。1965年他以摘帽"右"派的身份回到家乡。1972年，顾乐夫进东风绣衣厂当临时工，设计服饰花样。他虽历经坎坷，对艺术的追求却矢志不移。这期间，他除抓紧时间将设计搞得风生水起外，还把平生所学化作涓涓细流，去滋润那些渴望在绘画天地里一展身手的青年后生，后来在绘画上卓有建树的范扬、邬烈炎、吴维佳、季大纯等著名美术家，都是此时投到顾乐夫门下的。为此，"文革"后期，《中国美术》杂志又以"与无产阶级争夺下一代"批判顾乐夫。

中共十一届三中全会以后，顾乐夫获得了艺术的新生。1979年初他被调到南通市二轻局。同年轻工技校复校后任美术和书法教师。1982年赴南京师范学院美术系任教。1989年任美国纽约州联合学院客座教授，后任美国纽约州圣罗斯学院教授，兼任美国纽约州伦瑟勃艺术中心成员、北美洲高教美术家学会会员。1998年，顾乐夫从教学一线退下来，重新拿起画笔，在纽约州首府奥尔巴尼的家中悉心搞创作。

美国虽是个多元文化汇集的地方，但西方文化仍然占主流，东方艺术还没有被更多的人接受。顾乐夫是个绘画全才，他注意兼收并蓄、融通中西，学的虽是版画，却精通油画，擅长国画，又写得一手好书法，而且对于诗词格律颇有研究。他画风严谨，功力颇深，

水彩《高原的风》2005年由美国水彩画学会国际水彩画展展出，获《水彩画》杂志大奖赛二等奖。（通中提供）

油画《宁静的池塘》2003年获美国东部各州和加拿大联合美展一等奖、美国《艺术家》杂志大奖赛终选奖。（通中提供）

最大的特点是能够把东方神韵融进西画之中，这是一般中国画家不易做到的，也是西方画家难以企及的。所以，没多久，顾乐夫的画就在美国走红，多幅不同类型的画作均获美国各类大赛的不同奖项。由于顾乐夫的画作屡屡创新，年年在美国获奖，因此，他的画受到世界各国画廊的青睐。1994年作为纽约州州长特邀的杰出亚裔人士之一，顾乐夫出席州政府的招待会。

顾乐夫对家乡南通有深厚的感情。1996年10月，顾乐夫在南通沈寿艺术馆举办"顾乐夫省亲画展"，这是顾乐夫出国后第一次归来。2000年4月8日，"南通中学校友著名画家省亲展"在南通博物苑开幕，顾乐夫欣然出席。2005年9月24日南通博物苑举行中国博物馆事业发展百年展览暨南通博物苑新馆开馆仪式，顾乐夫在当天的仪式上向博物苑捐赠了专为百年庆典所作的国画作品。

顾乐夫这次回国，除了参加博物苑百年庆典外，还肩负着为张謇绘肖像的重任。他从6月25日开始动笔，至9月4日完工，共花了72天完成了这幅长100厘米、宽64厘米的张謇半身像油画，把创建中国近代第一城的张謇、顾乐夫崇仰的前辈先贤形象熠熠生辉地突显出来。

2009年5月，顾乐夫在南通博物苑举行顾乐夫画集的首发式。2010年10月，又在南通博物苑举办顾乐夫画展，把自己毕生的精品画作展示给家乡人民。顾乐夫的拳拳赤子之心家乡人民永远不会忘记。

油画《朝拜以后》2005年获美国《艺术家》杂志大奖赛二等奖。（通中提供）

油画《沉思》2006年入选国际当代美术大师博物馆主办的国际沙龙并获佳作奖。（通中提供）

寺街夕晖

江平（1961— ）

江平肖像（实验中学提供）

2003年，当电影《三个未婚妈妈》摄制组在南通拍摄时，整个寺街都沸腾了。因为此片的导演正是从南通寺街走出去的江平。

江平1961年出生，曾在育婴堂巷28号居住，1970年入南通市小红花艺术团，1976年考入南通市文工团艺训班。江平从小酷爱电影，但是当时他家境窘迫，没钱买电影票，他就在电影快散场的时候，在门口候着，等有人提前退场时，一开门他就嗖地钻进去。所以，小江平看到的都是电影尾巴。后来，为了能换得一张电影票，他常在街头捡废纸，一斤废纸卖4分钱。有一次，他还撕了"大字报"当废品卖，险些被人抓住。还有一次，晚上去人民公园看露天电影，为了省2分钱的门票，他约了几个小伙伴一起翻围墙进去。当他刚爬上墙头时，被戴红袖套的人发现，要来抓他。受到惊吓的江平从墙上重重地摔了下来，被地下的树枝戳破了大腿。他拔掉树枝，飞快地钻进人堆里，甩掉了"红袖套"。他用手捂着伤口看完了电影。但是从此，江平的腿上留下了一道长长的疤痕。

以后，为了学拍电影，江平曾在很多剧组里跑龙套、打杂、当场工；为了拍戏，他睡过澡堂，挤过12人一间的"筒子铺"……在不服输的江平心里，他不想永远被人瞧不起，因此他吃了很多苦，甚至受了不少辱，这一切就是为了在影视圈里不再当"游击队员""区小队队员"，而要当一个"正规军"。

而后的江平，考上了上海戏剧学院，毕业后留在了上海电影局，再往后当上了上海电影集团副总裁、国家广电总局电影局副局长。现任中国广播艺术团党委书记兼常务副团长、中国电视剧导演工作委员会副会长，是《真情三人行》《黄河绝恋》《寻找成龙》《康定情歌》《纸飞机》等二十多部电影的制片人和十多部影片的编导，曾获全国电视剧荣誉监制、全国十佳制片人称号、中国人口文化最佳电影导演奖；担任制片人、策划、编剧、导演的作品，先后荣获"五个一"工程奖、华表奖、金鸡奖、百花奖、童牛奖、飞天奖、金鹰奖等。虽然江平现

江平老家弄口

育婴堂巷口

小红花演出（实验中学提供）

在已经是荣誉满身，又身居要职，但是他对一帮曾为中国电影做出重大贡献的前辈始终充满关爱之情。从南到北，对数百位电影界的老前辈如数家珍。他记得许多人的生日，记得许多人的爱好，更记得体贴关爱这些老艺术家。他的这些行为在影视界传为美谈。他对南通充满关爱，为宣传南通、扩大南通的影响做了很多事。2014年5月，江平策划推动了南通市实验中学集贤馆的建立与开放。从集贤馆建设，布展的创意，到崇敬中学（实验中学的前身）的挂牌，再到邀约赵丹、顾而已、钱千里、朱今明四位电影大师的后人及国内著名表演艺术家参加集贤馆的开放，都离不开他的奔波操劳。一身阳光的江平，面对未来，定然安恬。

崇敬中学集贤馆

岁月的痕迹深深地印刻在江平的故居院子里

老家门口

秋季桂花飘香的施家田1号，庭院里弥漫着家的温馨

老街人家客厅案头

老街人家门上的麒麟送子图

冬阳下的官地街，家家晒被褥忙

鹅卵石铺设的构成艺术图案的地面

一方水土一方人——南通寺街西南营名人影像选集

长满青苔的幽深的巷子印刻着老街的历史

参考书目

1. 施宁.《寺街》.苏州大学出版社.2010.
2. 杨梦石.《南通与中国电影》.北京.中国电影出版社.2011.
3. 卢君佳、曹晓东.《名宦顾养谦及珠媚园》.北京.文化艺术出版社.2010.
4. 南通市地方志编纂委员会.《南通市志》.上海社会科学院出版社.2000.
5. 管劲丞.《南通历史札记》.南通博物苑、南通市图书馆.1985.
6. 刘文韬.《华原风土词注疏》.耀县古籍整理丛书.
7. 陈金渊.《南通成陆》.苏州大学出版社.2010.
8. 江苏省政协文史资料委员会,南通市政协学习文史委员.《智慧之光——南通籍院士风采录》.江苏省文史资料编辑部.1999.
9. 《纪念中国医学心理学的奠基人丁瓒先生100周年诞辰（1910-2010）》.南京大学社会学院心理学、南京大学《心理健康与研究中心》.2010.
10. 中国音乐家协会江苏分会筹委会编.《梅庵琴谱》.江苏文艺出版社.1959.
11. 中国科学院心理研究所.《纪念丁瓒先生100周年诞辰》专刊.总第172期.2010.
12. 顾林曜.《面向刀丛仍从容——顾迅逸 郑英年烈士纪念集》.南通革命纪念馆、南通市烈士陵园.2016.
13. 《惊百文存》编委会.《惊百文存》.2002.
14. 《钱素凡文集》.江苏教育出版社.1999.
15. 中共南通市委党史工作办公室,南通市教育局、江苏省南通中学.《三一八斗争暨南通惨案资料》.2016.
16. 中共南通市委党史工作办公室,南通市地方志编纂委员会办公室.《上海北大门 南通故事》.2016.
17. 祖丁远、姚锷.《梦游梅花楼——南通人文景观》.百花文艺出版社.1995.

参考资料

1. 《光绪通州志》
2. 《以张謇为中心 南通人文旅游资源的开发利用》
3. 《江海纵横》
4. 《南通日报》
5. 《江海晚报》
6. 《南通电视报》
7. 南通市档案馆馆藏档案资料
8. 南通博物苑苑藏档案资料
9. 崇川区美术馆馆藏档案资料
10. 南通市烈士陵园馆藏档案资料
11. 南通大学范曾艺术馆馆藏档案资料
12. 邵大苏纪念集

后 记

我原是上海知青,"文革"初期从上海来到南通插队落户,在南通生活了近50年。如何回报哺育我成长的南通,一直是在我脑海中盘旋思考的问题。

2009年6月,南通市摄影家协会发起了"历史文化名城南通古建筑保护性拍摄"活动,我积极报名参加。起先只是请朋友引见,登门入户地拍摄一些老街的老住户。但是这一活动我一直坚持下来了,无论酷暑寒冬、刮风下雨,我一有机会就会去寺街、西南营转转,前后共访问了78户人家,整理了100多个老街人的简介,拍摄了数万张照片。在拍摄过程中,我都会和主人进行一些交谈,了解户主的家庭情况,并且签订一份拍摄协议,说明我拍的资料是为了配合南通市搞好老街的资料收集工作,将来搞摄影展、出影集用,同时也为老街长期居住在此地的住户留下一些珍贵的纪念,最后我再印一张10寸的全家福照片送上门去。这样我就在老街结交了许多朋友。

2016年下半年我确定了一个主题,在我收集的资料中遴选一些在老街出生、生活的名人,以他们现存的故居为线索出一本画册。2017年7月,南通市政府发出了《关于建立寺街西南营历史文化街区保护工作协调小组的通知》,标志着寺街西南营历史文化街区的保护工作有了新的进展,我也加快了整理出版这本集子的进度。

这本集子收集了37位老街的名人资料。它在表现方法上突破了单纯影像记录的框框,集摄影、历史图片、文字资料于一身,做成了综合反映老街名人的专题,也算是一种尝试。

南通有关记录老街资料的已有姚剑湘的《崇川民居》画册,有李向东的反映老街市井生活的摄影展,有施宁《寺街》的文字叙述,有南通市组织出版的《寺街 西南营记忆》大型画册。我这本《一方水土一方人——南通寺街西南营名人影像选集》,试图以居住在老街的名人事迹来凸显老街深厚的历史底蕴和灿烂的文化积淀。"山不在高,有仙则名;水不在深,有龙则灵",寺街、西南营两片面积20多公顷的街区,从古至今集中涌现出那么多革命志士、科学家、画家、教育家、明星演员,等等,这种突出的地方现象值得引起人们的重视和研究。我试图探寻一条和别人不一样的思路,拍一些和别人不一样的照片,同时也注重用文字介绍这些人的经历,从另一种视角反映老街,更好地宣传老街文化,宣传南通。

收入这本集子的名人都是出生在寺街、西南营,或在此生活过的。多数是现在虽已过世,但是对社会有大贡献的人物;现在还在世的人,也是有突出贡献,在老街家喻户晓的知名人士。收集这些名人,为的是宣传他们为国为民做出的贡献,学习他们的精神。

我从2009年开始拍摄老街,至今已有8年了。在收集资料的过程中,我尽自己所能把能收集到的一部分资料保存下来,供后人参考。历史只有记录才能保留,保留下来才能存在。我用自己的方式去记录,为更多地打捞散落在历史长河中的记忆，一旦有多年的沉淀和固守，那么作品保留的时间一定会更长。我对一些历史资料也进行了求证和勘误，如以前书上说徐惊百是出生在寺街胡家园6号，经向徐惊百的侄子徐咸求证，他告诉我，徐惊百是出生在南通龙王桥东的祖屋里，后来才搬到胡家园来的。又如有关周懋琦的生卒年表，2015年2月17日《江海晚报》介绍周懋琦是1836-1896年。同年2月27日《南通周刊》上说周是1833-1896年。最后我请周启忾先生查了家谱，周懋琦于道光癸巳年（1833）六月二十八出生，殁于光绪丙申年（1896）正月初十，这样周懋琦的生卒年得以确认。

在拍摄实践中，我告诫自己摄影不要去追潮流，追逐摄影形式和器材更新，而是量力而行，去拍身边的东西，拍自己感兴趣的东西。要有一份淡定，有一颗初心，有一份自律，有一份自足。

此集是我个人收集整理的，由于本人的学识和能力都非常有限，所以只能收集到自己力所能及的一部分。有些资料难免还存在不足与失误，有疏漏谬误之处敬请指正。此集的问世得到众人的帮助，原中共南通市委书记朱剑同志亲自为此书题写书名；原市委宣传部长张小平同志热情地给予指导和帮助；中国沈寿艺术馆馆长卜元先生对此书有很高的评价，并给予很多支持和帮助；江苏省老年摄影学会副会长、市老年摄影学会会长王兆祥先生专门为我修改并校对文字稿；市摄影家协会副主席杨梦石先生、副主席陈建华先生给予了热情的指导，陈建华先生在百忙中还抽时间为此书写序；穆烜先生、赵鹏先生帮助我找古籍资料；南通博物苑钱红副苑长热情地把我所需要的馆藏资料拍成数码文件发给我；市档案局、市外侨办都给予了帮助；市委党史办何晓宁先生为出版此书出了很多主意；老街居民吴更生先生、袁运炎先生、施宁女士带我走街串巷，走进了一家又一家的老街人家；徐咸先生、卢君佳先生、朱又春先生、朱韧女士等人，还有通中、实验中学的老师提供了很多珍贵的照片；南通上思广告设计有限公司给予鼎力相助；夫人徐寰帮助文字输入、资料查询；还有很多人也为我提供了帮助，就不一一列举，在此一并表示感谢！

最近市领导在谈到老街改造方案设想时，提出"整体保护，延续文脉，挖掘特色，场所复兴"的思路，这本集子希望能给有关方面有所参考。

在民众的读图时代，这本《一方水土一方人——南通寺街西南营名人影像选集》如果能向人们形象地介绍一些老街的资料，保留一些对老街的记忆，对我来说也就如愿以偿了。

管 平
2017年12月

图书在版编目（CIP）数据

一方水土一方人：南通寺街西南营名人影像选集 / 管平著. -- 苏州：古吴轩出版社，2017.12
ISBN 978-7-5546-1088-6

Ⅰ.①一… Ⅱ.①管… Ⅲ.①名人－故居－南通－摄影集 Ⅳ.①K928.725.33-53

中国版本图书馆CIP数据核字（2017）第330829号

责任编辑：蔡时真
见习编辑：陆九渊
责任校对：靳晓虹
装帧设计：赵　春

书　　名：一方水土一方人——南通寺街西南营名人影像选集
著　　者：管平
出版发行：古吴轩出版社
　　　　　地址：苏州市十梓街458号　　邮编：215006
　　　　　Http：//www.guwuxuancbs.com　　E-mail：gwxcbs@126.com
　　　　　电话：0512-65233679　　传真：0513-65220750
出 版 人：钱经纬
印　　刷：无锡长江商务印刷有限公司
设计制作：南通上思广告设计有限公司
开　　本：878×1190　1/16
印　　张：8.75
书　　号：ISBN 978-7-5546-1088-6
版　　次：2017年12月第1版　第1次印刷
定　　价：158.00元

版权所有．侵权必究